Turmfalke

Rohrweihe

Baumfalke

Sperber

Habicht

Johannes Breitmeier

Adler, Kiebitz, Storch und Schwan

Johannes Breitmeier

Adler, Kiebitz
Storch und Schwan

Der Kinderbuchverlag Berlin

Die in den Vogelbeschreibungen in Schrägschrift (kursiv) gesetzten fachlichen Begriffe werden im Abschnitt „Begriffserklärungen" (Seite 138) näher erläutert.
Die in den Vogelbeschreibungen aufgeführten Körperteile und Gefiederpartien werden in der schematischen Darstellung eines Vogels (Seite 7) vorgestellt.

Illustrationen Johannes Breitmeier

ISBN 3-358-01008-2

Wir beobachten Vögel

Vögel beleben unsere Landschaft. Wir begegnen ihnen das ganze Jahr über in Städten und Dörfern, in Gärten und Parkanlagen, in Feld und Flur, im Wald, auf der Heide, an Seen, Teichen und kleinsten Tümpeln, auf Viehweiden, in der Gebirgswelt und am Meeresstrand. Sie erfreuen uns mit ihrem Gesang, der Schönheit ihres Gefieders und der Eleganz ihres Fluges, kurzum, sie sprechen unser Gefühl in besonderer Weise an. Wir beobachten sie gern, denn ihr Verhalten, das so vielfältig ist und hauptsächlich von den Trieben Nahrungaufnahme, Selbsterhaltung und Fortpflanzung gelenkt wird, weckt in uns den Wunsch, sie kennenzulernen und bestimmen zu können. Dazu soll dieses Buch beitragen, und es soll damit fortgesetzt werden, was mit dem Buch „Amsel, Drossel, Fink und Star" begonnen wurde, nämlich Vögel unserer Heimat vorzustellen.

Viele Vogelarten werden dem Leser nicht unbekannt sein. Irgendwann und irgendwo hat er den einen oder anderen Vogel schon gesehen. Unser Buch hat sich vorgenommen, den flüchtigen Eindruck zu vertiefen, genauere Kenntnisse zu vermitteln, dadurch die Verbundenheit mit der Natur zu festigen und sich für ihren Schutz verantwortlich zu fühlen.

Nicht alle Fragen, die in diesem Zusammenhang aufkommen, wird unser Buch beantworten können. So geht es nicht näher auf das Zuggeschehen, auf die Orientierung der Vögel ein, auf die Überwinterung, die Lebensdauer und anderes mehr. Hierüber gibt es Spezialliteratur. Es unterrichtet jedoch über vieles, das allgemein interessiert, zum Beispiel über den Einfluß der Menschen auf das Leben der Vögel. Vögel reagieren empfindlich auf Veränderungen in ihrer Umwelt, auch auf das Verhältnis von Menschen zu ihnen. Oftmals hören wir davon, daß bestimmte Vogelarten immer seltener werden. Deshalb wird in diesem Buch auch auf einige Ursachen des Rückganges der vorgestellten Vogelarten eingegangen, um Möglichkeiten zu zeigen, wie man mithelfen kann, die Tiere zu schützen. Will man einen Vogel bestimmen lernen, muß man vieles über ihn wissen, und darum berichtet unser Buch in Wort und Bild darüber

wie der Vogel aussieht, über seine Körperform, seine Färbung, die Bewegungsweise, ja sein ganzes Gehabe;

wo der Vogel lebt, im Wald, am oder auf dem Wasser, auf der Wiese, im Gebirge oder im Flachland;

wie und wo der Vogel sein Nest baut, in Baumhöhlen oder anderen Höhlen, auf dem Erdboden, im Gebüsch oder im Geäst der Bäume;

wie der Vogel brütet und wie er seine Jungen aufzieht;

was, wo und wie der Vogel frißt, nimmt er pflanzliche oder tierische Nahrung auf; fängt er seine Nahrung im Fluge, sucht er sie am Boden oder im Wasser, pickt er sie

aus der Borke der Bäume, oder hämmert er sie aus deren Holz heraus; wann sich der Vogel in unserem Gebiet aufhält, können wir ihn das ganze Jahr über beobachten oder nur ein paar Monate lang, ist er also Standvogel, Strich- oder Zugvogel.

Mit zu den wichtigsten Kennzeichen, die zum Bestimmen einer Vogelart beitragen, gehören Ruf und Gesang. Besonders bei ähnlich gefärbten oder sehr heimlich lebenden Vögeln ist letzteres ein wichtiges Merkmal. Auf den folgenden Seiten sind Umschreibungen des Vogelrufs oder -gesangs wiedergegeben, sie sind sicher nicht gerade ideal für die Wiedergabe der wohlklingenden Vogelstimmen, vermitteln aber doch einen ungefähren Eindruck.

Zuletzt sei noch gesagt, daß dieses Buch der Vogelwelt neue Freunde gewinnen und ein Helfer beim Beobachten und Bestimmen der Vogelarten sein möchte. Es soll dazu beitragen, die Liebe zu den gefiederten Freunden zu vertiefen, und damit den bewußten Schutz des Vogelbestandes unserer Heimat durch seine Leser fördern.

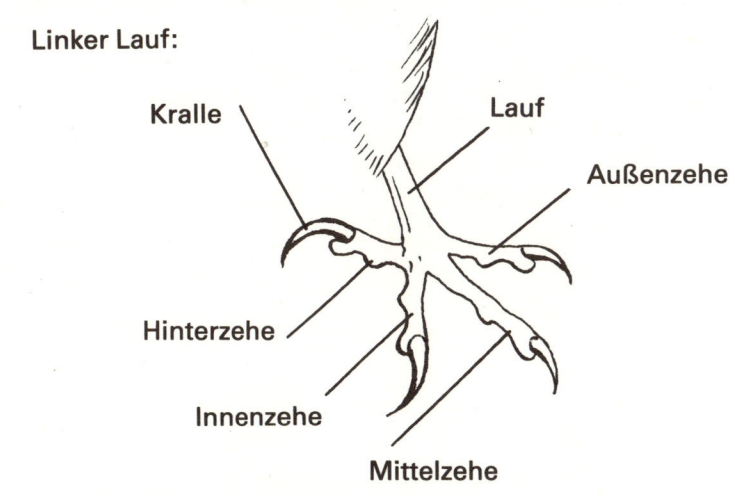

Linker Lauf:

Kralle

Lauf

Außenzehe

Hinterzehe

Innenzehe

Mittelzehe

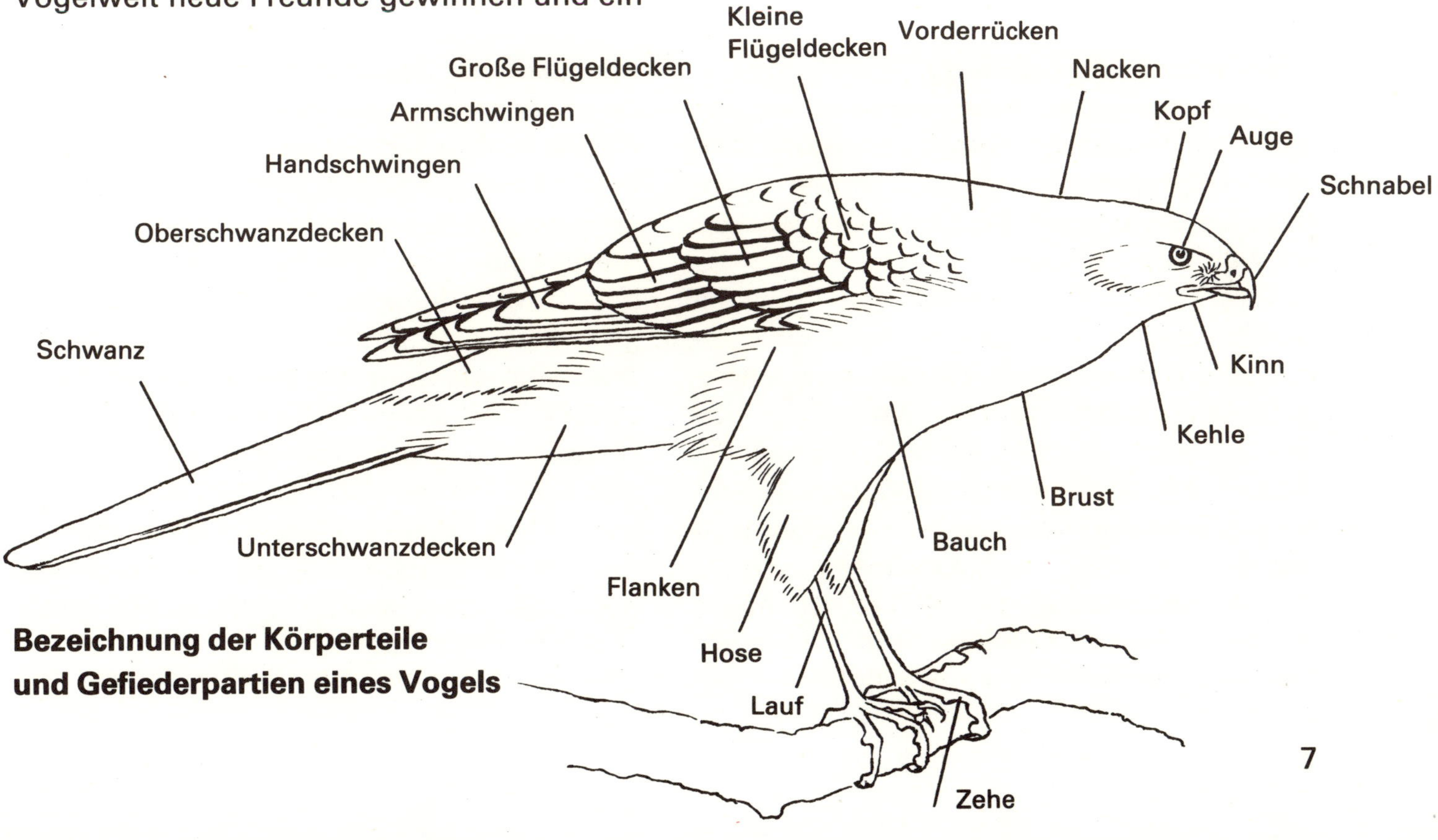

Kleine Flügeldecken

Vorderrücken

Große Flügeldecken

Nacken

Armschwingen

Kopf

Auge

Handschwingen

Schnabel

Oberschwanzdecken

Schwanz

Kinn

Kehle

Brust

Unterschwanzdecken

Bauch

Flanken

Bezeichnung der Körperteile und Gefiederpartien eines Vogels

Hose

Lauf

Zehe

7

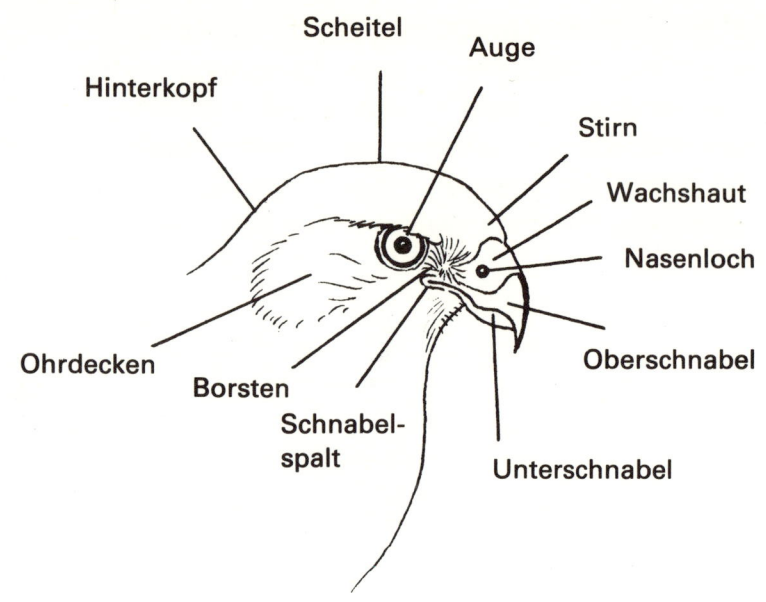

Scheitel
Auge
Hinterkopf
Stirn
Wachshaut
Nasenloch
Ohrdecken
Oberschnabel
Borsten
Schnabel-
spalt
Unterschnabel

Wir schützen Vögel

Vogelschutz ist notwendig

Es gibt Vogelarten, deren Vorkommen sich seit 1945 in erfreulichem Maße erholt hat. Dank intensiver Schutzmaßnahmen konnten sich bei uns die Bestände von Höckerschwan und Graugans erhöhen. Auch der Stockentenbestand hat sich zum Beispiel durch verbesserte Ernährungsbedingungen und den Schutz in Wasservogelschongebieten gut entwickelt. Im Verlauf der letzten 15 Jahre verdreifachte sich etwa die Anzahl der der anpassungsfähigen Lachmöwe, was international auf den Schutz in den Brutkolonien zurückzuführen ist. Die Wiederausbreitung der Kolkraben nahm infolge strengen Schutzes und ergiebiger Nahrungsquellen wie Abfallplätze und

Hausentenmastfarmen, in denen sie verhältnismäßig leicht Kücken erbeuten können, einen so günstigen Verlauf, daß sich heute mancherorts bereits Reduzierungsmaßnahmen notwendig machen. Das gleiche trifft auch auf die Lachmöwe zu.

Aber es gibt auch im Buch vorgestellte Arten, deren Zahl, wir sagen auch Bestand dazu, abnimmt. Dazu gehören der Weißstorch, einige Greifvogel- und Eulenarten, das Birkhuhn, das Rebhuhn, die Großtrappe, die Bekassine, der Flußregenpfeifer, die Blauracke, der Wiedehopf, die Schafstelze, die Gebirgsstelze, die Würgerarten, der Drosselrohrsänger und das Blaukehlchen.

Diese Aufzählung zeigt, daß die Zahl dieser Arten leider größer ist als die der sich positiv entwickelnden.

Die Gründe für den Rückgang sind vielfältig, und wir wollen hier nur einige nennen, um uns über die Zusammenhänge klarzuwerden. Jeder von uns weiß, daß in vielen Gegenden auch in unserem Lande und auch in unserer Zeit die Landschaft aus verschiedenen Gründen verändert wurde. Da mußte man versumpfte Wiesen trockenlegen, um bessere Weideflächen oder Ackerboden zu gewinnen. Das sind wichtige Kultivierungsmaßnahmen, denn die Erhöhung landwirtschaftlicher Erträge ist für die Ernährung der Menschen wichtig. Aber was für den einen gut war, erwies sich für den anderen als bedrohlich. Vielen Tieren, und insbesondere auch Vögeln, die an Feuchtgebiete gebunden sind, wurden oftmals beträchtliche Teile ihres Lebensraumes entzogen.

Die sich ausweitende Industrie, die Zunahme des Verkehrs, die verbunden ist mit der Erweiterung des Straßennetzes, der größere Bedarf an Elektroenergie, der eine verstärkte Verkabelung mit sich bringt, das alles führt ebenfalls zwangsläufig eine Veränderung der Landschaft herbei, die vielen Pflanzen- und Tierarten nicht zusagt.

Andere Nutzungsformen der Wälder, zum Beispiel das intensivere Bergen von Nutzholz, das Abschlagen älterer Baumbestände, wenn es auch Hand in Hand geht mit der Aufforstung, beeinträchtigt das Vorkommen von Vogelarten, die auf alte Bäume mit ihren Höhlen angewiesen sind. Deshalb erscheinen in den „Roten Listen" der Länder Mitteleuropas, in denen auch die vom Aussterben bedrohten Vogelarten verzeichnet sind, vielfach die Namen von Höhlenbrütern.

Die oftmals notwendige Begradigung fließender Gewässer zerstört die Ufervegetation, wodurch einigen Vogelarten, zum Beispiel dem Blaukehlchen, Brutplätze genommen werden.

Die Verschmutzung der Gewässer gefährdet nicht nur die im Wasser lebenden Tiere, sondern auch an Wasser gebundene Vogelarten wie Wasseramsel und Gebirgsstelze.

Etwa ein Fünftel aller Vogelarten Mitteleuropas war in den vergangenen 150 Jahren von solchen und ähnlichen Veränderungen in ihrem Lebensraum betroffen.

Es gibt bei den im Buch vorgestellten Vogelarten auch solche, bei denen die Ursachen für den Bestandsrückgang noch nicht vollständig geklärt sind. Hierzu zählen unter anderen die Blauracke, der Wiedehopf, der Schwarzstirnwürger. Werden in einem Gebiet größere Waldflächen gerodet, ist mit ziemlicher Sicherheit vorauszusagen, daß Vogelarten, die in der Stamm- oder Kronenregion der Bäume leben, hier verschwinden. Aber nicht immer ist es so eindeutig festzustellen, worin die Gründe für das Verschwinden einer Tierart liegen. So ist es für eine erfolgreiche Naturschutzarbeit wichtig, die Beziehungen und Zusammenhänge zwischen Umwelt und Organismus der Tiere zu erkennen und zu beachten.

Da ist zum Beispiel der Einfluß von Krankheiten und Epidemien auf den Vogelbestand zu erwähnen. Erst in neuerer Zeit erkannten Forscher, daß Vögel Träger verschiedener Virusarten sind, was mit dazu führen kann, daß die Entwicklung des Bestandes einer Vogelart negativ beeinflußt wird.

Die rückläufige Entwicklung einiger Eulen- und Greifvogelbestände führte in den meisten mitteleuropäischen Ländern dazu, die Ursachen zu untersuchen, um notwendige Maßnahmen zur Erhaltung besonders gefährdeter Arten zu beschließen. Das ist keine leichte Aufgabe, denn trotz intensiver Schutzmaßnahmen galt zum Beispiel der Wanderfalke in der DDR seit etwa 1974 als ständiger Brutvogel für ausgestorben. Nach neuesten Mitteilungen haben sich einige Brutpaare dieser Vogelart in unserer Republik wieder angesiedelt.

Eine der Ursachen des Rückgangs der Greifvögel ist die direkte Verfolgung dieser Tiere durch Menschen, die sie schießen, weil sie sie für schädlich halten, und ihre Horste plündern, um zu den Eiern für eine Sammlung zu gelangen. Zur indirekten Verfolgung

gehört die Beunruhigung während der Brutzeit im Revier durch Wanderer und Fotogra-
fen, die in ihrer Sorglosigkeit unbeabsich-
tigt die Greifvögel stören und vergrämen.
Unser künftiges Denken und Tun im Hin-
blick auf den Naturschutz muß von der Einsicht bestimmt sein, daß Lebewesen, frei
von fragwürdigen Erwägungen über ihre
„Nützlichkeit" und „Schädlichkeit" um ihrer
selbst willen schützenswert sind. Wir müssen zum Beispiel akzeptieren, daß ein Greifvogel, um zu leben, Beute machen muß. Er
ist nun einmal auf Fleischnahrung angewiesen, und wir dürfen ihn nicht verurteilen,
wenn er mal in behütete Geflügelbestände
einbricht.
Gäbe es die Greifvögel als „Gesundheitspo-
lizei" in der freien Natur nicht, würde in kurzer Zeit ein Teil der Tierwelt von Krankheit
und Seuchen gezeichnet sein, denn die
Greife schlagen vor allem kranke und
schwächliche Beutetiere.
Mit der Harmonie in der Natur sieht es meist
anders aus, als es sich der oberflächliche
Betrachter vorstellt. Die Greifvögel haben
ihren berechtigten Platz als regulierender
Faktor in der Natur, sie bringen nichts
durcheinander, aber ein von uns unüberleg-
ter Griff in das feingefügte Getriebe der
Natur kann unübersehbare Folgen haben.
Darum wollen wir gerecht urteilen, geduldig
aufklären und beraten.
Leider ist aber dennoch zu befürchten, daß
in absehbarer Zeit weitere Vogelarten in die
Liste der vom Aussterben bedrohten Tiere
aufgenommen werden müssen. Dies trifft
auch für den Sperber zu, dessen Rückgang
in unserem Gebiet auffallend ist.

An der Schwelle hoffnungsvoller Entwicklungen

Wir haben im vorigen Kapitel von den
Umgestaltungsprozessen in der Landschaft
unter anderem auch infolge der Intensivie-
rung der Volkswirtschaft gelesen. Wir wissen von den Eingriffen in die Lebensräume
von Pflanzen und Tieren, die dadurch unver-
meidlich wurden. In der DDR hat man die
notwendigen Maßnahmen mit den gesell-
schaftlichen Anforderungen auf dem Gebiet
der Landeskultur und des Naturschutzes
weitgehend in Einklang gebracht. Im Mai
1970 wurde das Landeskulturgesetz erlas-
sen. Es umfaßt einen weit größeren Bereich
als den Naturschutz im engeren Sinne, das
Gesetz regelt den sinnvollen Umgang mit
Naturreichtümern insgesamt. Dazu gehören der Boden mit seiner Fruchtbarkeit, sau-
beres Wasser, reine Luft und natürlich die
Pflanzen- und Tierwelt. Das Gesetz enthält
darüber hinaus auch Verordnungen, die
dem Schutz des Menschen vor Lärm und
schädlichen Abfallstoffen dienen.
Wir wollen uns hier insbesondere mit dem
Naturschutz beschäftigen; sehen wir uns
dazu einige Abschnitte des Gesetzes an. Es
heißt in

§ 13 (2) Es ist nicht gestattet,
– wildwachsende geschützte Pflanzen aus-
  zugraben oder auszureißen oder Teile
  davon abzutrennen sowie Standorte
  geschützter Pflanzen so zu verändern,
  daß deren Fortbestand gefährdet wird.

§ 14 (2) Es ist nicht gestattet,
– nichtjagdbare wildlebende geschützte
  Tiere zu beunruhigen, ihnen nachzustel-

len, sie zu fangen, zu töten oder in Gewahrsam zu nehmen,

- Eier, Larven oder Puppen dieser Tiere zu beschädigen, zu zerstören oder wegzunehmen,
- Brut- und Wohnstätten dieser Tiere zu beschädigen, zu zerstören oder wegzunehmen sowie deren Lebensräume so zu verändern, daß der Fortbestand dieser Tierarten gefährdet wird,
- diese Tiere lebend oder tot in den Handel zu bringen oder zu verarbeiten,
- Störungen an Brut- und Wohnstätten der vom Aussterben bedrohten Tierarten, insbesondere durch Fotografieren und Filmen, zu verursachen.

Veranschaulicht wurde dieses Gesetz noch im Dezember 1984 durch eine Artenschutzbestimmung, und da uns hier die Vögel insbesondere interessieren, sei hinzugefügt, daß von den etwa 200 in der DDR brütenden Vogelarten fast 180 unter Naturschutz stehen. Die restlichen Arten gehören zum Teil zu den jagdbaren Arten. Sie fallen nicht unter die Naturschutzgesetzgebung, genießen jedoch zumeist eine ganzjährige Schonzeit und stehen damit doch weitgehend unter Schutz. Dazu zählen zum Beispiel Mäusebussard und Habicht. Richten sie bedeutenden Schaden an, dürfen jedoch einzelne Exemplare außerhalb der Fortpflanzungszeit bejagt werden. Die Jagdbehörde des betreffenden Bezirks muß allerdings dazu ihre Zustimmung geben. Andere Vogelarten, die zu den jagdbaren Vögeln zählen, genießen nur eine längere Schonzeit, die immer die Zeit der Jungenaufzucht einschließt. Von den im Buch genannten

gehören dazu Stockente, Graugans, Graureiher, Haubentaucher, Bleßralle, Lachmöwe und Rebhuhn.

Zu den nicht ausdrücklich unter Naturschutz stehenden Vögeln gehören auch der Haus- und Feldsperling sowie die verwilderten Haustauben, jedoch zählen sie zu den nicht jagdbaren Arten, das heißt, auf sie darf nicht geschossen werden.

Daß Vogelbestände durch menschliche Hilfe wieder zunehmen, haben wir bereits erfahren. In den meisten Fällen ist das ein Verdienst unseres gut funktionierenden Naturschutzes. Es gibt viele Beispiele, die zeigen, daß die Naturschutzarbeit im Sinne des Gesetzes für Jagdgesellschaften und Forstwirtschaftsbetriebe eine Selbstverständlichkeit ist. So wurden durch ihre Mithilfe die Lebensbedingungen unter anderem von Kranich, Schwarzstorch und Bekassine erhalten.

Wissenschaftler, Forstleute und Naturschutzhelfer tragen entscheidend dazu bei, die Bestände der Greifvogelarten zu erhalten und zu erhöhen. In Absprachen werden die spezifischen Interessen zwischen Land-, Forst- und Jagdwirtschaft, Binnenfischerei, Hühnerhaltern und Taubenzüchtern besonders geregelt. Geduldiges Erläutern der Rolle, die die Greifvögel in der Natur spielen, hat bei vielen Menschen zu einer gerechten Einstellung gegenüber allen Greifvogelarten geführt: Durch mehr Wissen zu mehr Einsicht.

Wir wollen nicht, daß die schönen Flugbilder dieser Vögel vom sommerlichen blauen Himmel verschwinden. Wir wollen nicht auf den Anblick des schwebenden, weitklafternden Milans über dem See, des Suchflugs der Rohrweihe über Wiesen und Sümpfen, auf den stürmenden Angriff des Baum- oder Wanderfalken und den raschen Überrumpelungsflug des Habichts über der Heide oder im Buschgelände verzichten. Wir wollen uns erfreuen an ihrer eleganten Flugweise und ihrem kühnen Jagen. All dies gehört auch zur Schönheit unserer Landschaft, zum Bild unserer Heimat. In unserer intensiv bewirtschafteten und genutzten Kulturlandschaft ist der Naturschutz unerläßlich, um eine möglichst große Vielfalt an Pflanzen und Tieren zu erhalten.

In Mitteleuropa ist die DDR eines der greifvogelreichsten Länder, obgleich auch hier, wie schon erwähnt, einige Greifvogelarten bedroht sind. Neben dem Mäusebussard sind Habicht, Turmfalke und Rohrweihe, im nördlichen und mittleren Teil unseres Gebietes auch Baumfalke sowie Rot- und Schwarzmilan mit einem stabilen Bestand vertreten. Dies gilt auch für Arten, die in der vorliegenden Schrift nicht behandelt werden. In jüngster Zeit scheint sich das Vorkommen des Wanderfalken, wie bereits angedeutet, in unserem Gebiet neu zu beleben. An einigen Brutplätzen in Thüringen und im Harz haben sie sich wieder angesiedelt.

Dies alles wäre ohne eine wirkungsvolle Naturschutzarbeit nicht möglich. Es werden natürliche Bedingungen für die Fortpflanzung bedrohter Tierarten geschaffen. So dürfen Bäume, auf denen See- oder Fischadler horsten, nicht abgeholzt und ihr Umfeld nicht verändert werden, und in den speziell dafür eingerichteten Schutzzonen wird darauf geachtet, daß die Tiere ohne Störung leben und ihre Jungen aufziehen können.

Umfangreiche Initiativen gibt es zum Beispiel auch zur Erhaltung der vom Aussterben bedrohten Großtrappen. Neben Wissenschaftlern, Naturschutzhelfern sind es hier insbesondere die Mitarbeiter in der Landwirtschaft, die daran große Verdienste haben. So werden oftmals Eier aus bei Feldarbeiten teilweise zerstörten Gelegen dieser Vögel von Genossenschaftsbauern zu zentralen Sammelstellen gebracht und in Trappenaufzuchtstationen ausgebrütet. Im Spätsommer gewöhnt man die Jungtiere allmählich an ein Leben in der freien Natur, in die sie zum gegebenen Zeitpunkt ausgesetzt werden.

Die Mehrzahl der Großtrappenreviere ist heute in Schongebieten erfaßt, in denen man bei Feldarbeiten besondere Vorsicht walten läßt. Leider ist zu vermerken, daß trotz aller bisherigen Bemühungen der Bestand der Großtrappen weiter zurückgeht; der Rückgang verläuft lediglich langsamer.

Daß der Mäusebussard bei der biologischen Schädlingsbekämpfung ein wertvoller Helfer ist, wissen Landwirte seit langem. Sein Anteil beim Vertilgen von Mäusen (und auch anderem Kleingetier) auf Wiesen und Feldern ist beträchtlich. Er jagt gern von erhöhten Warten aus, wobei aufgestellte Sitzkrücken seine Wirkungsmöglichkeiten erheblich vergrößern, denn die Bäume und Büsche als Ansitz an Chausseerändern und auf Feldrainen stehen für eine erfolgreiche Jagd über den heutigen großen Flächen der Felder und Wiesen oftmals zu weit entfernt.

Entmutigende Voraussagen einzelner

Naturfreunde, die vor Jahrzehnten von einem baldigen Aussterben unserer Greifvögel und Eulen sprachen, haben sich glücklicherweise nicht erfüllt.

Über Leistungen der Naturschutzhelfer haben wir schon im Zusammenhang mit dem Greifvogelschutz gesprochen. Aber ihre Einsatzmöglichkeiten gehen ja weit über diese Aufgabe hinaus. Naturschutzhelfer kann werden, wer sich für Pflanzen und Tiere, für Naturschutzarbeit überhaupt interessiert. Voraussetzung dafür ist allerdings die Volljährigkeit. Schüler können sich als Mitglieder von Biologie-Arbeitsgemeinschaften, die es in Pionierhäusern oder Stationen Junger Naturforscher gibt, ebenfalls der schönen Aufgabe des Naturschutzes widmen. Mit dem Ausweis, den der Naturschutzhelfer nach Teilnahme an einem Vorbereitungslehrgang erhält, darf er zum Beispiel Naturschutzgebiete auch außerhalb der öffentlichen Wege betreten, abgepflückte oder ausgegrabene Pflanzen oder gefangene geschützte Tiere bergen, die zum Fangen oder Töten genutzten Fallen, Schlingen sicherstellen und auch Naturfrevlern das Handwerk legen. Eine gewisse wissenschaftliche Forschungsarbeit gehört ebenfalls zu seinen Aufgaben. So wird er Standorte bestimmter Pflanzen und Tiere kartieren, Verhaltensweisen von Tieren beobachten.

Auch Hege- und Pflegearbeiten, wie Laichplätze betreuen, Nistkästen anbringen, gehören zum Aufgabenbereich des Naturschutzhelfers und nicht zuletzt Aufklärungsarbeit über Naturschutzprobleme unter der Bevölkerung.

Darüber hinaus kann jeder zum Naturschutz und, was uns besonders interessiert, zum Vogelschutz beitragen. Hier soll auf einige Möglichkeiten hingewiesen werden.

Wenn in diesem Buch auch kaum auf Höhlenbrüter eingegangen wird, so sei doch daran erinnert, daß jeder Nistkästen bauen oder kaufen und anbringen kann. Sie vor und nach der Brutzeit zu reinigen sollte selbstverständlich sein.

Waagerecht angebrachte Brettchen unter Dächern von Gartenhäusern, an Balkonwänden, in Ställen werden von vielen Vögeln gern als Nestunterlagen genutzt.

Holunder- und Schlehdornbüsche, mit denen man Feldwege bepflanzen kann, würden den Würgern, Grasmücken, Hänflingen und anderen Vogelarten wieder Brutstätten bieten. Doch nicht nur Feldwege bieten hierzu Gelegenheit, auch Waldränder, Böschungen und Steilhänge, Halden, Kies- und Lehmgruben eignen sich dafür. Akazie, Schlehe, Weißdorn, Wilde Stachelbeere, Bocksdorn und Wildrose werden ebenfalls gern als Brutstätte genutzt, und sie bieten den Vorteil, wenig oder gar keiner Pflege zu bedürfen.

In Gärten sind es die Hecken von Eibe, Feldahorn, Kornelkirsche, Liguster und Weißdorn, die kleine Vogelarten aufsuchen und die ihnen Schlaf- und Nistplätze bieten.

Es sei noch auf das Anbringen von Blechstreifen oder Stachelkränzen an Nistbäumen hingewiesen, geeignet dazu, vierbeinige Nestplünderer abzuhalten. Katzen müssen übrigens während der Hauptbrutzeit der Vögel (15. März bis 31. Juli) so gehalten werden, daß sie Vögeln nicht nachstellen können.

Auch im Winter sollte man etwas für unsere gefiederten Freunde tun, dann nämlich, wenn Schnee und Kälte die Futtersuche erschweren. Man kann die Winterfütterung schon im Spätsommer vorbereiten, indem man Fruchtstände verschiedener Pflanzen sammelt – zum Beispiel von Wegerich, Vogelbeerbaum (Eberesche), Holunder, Sonnenblumen – und sich rechtzeitig handelsübliches Vogelfutter besorgt.

Im Sommer wird nicht gefüttert, immer aber ein flaches Gefäß, stets mit frischem Wasser gefüllt, hingestellt, denn Vögel brauchen Trinkwasser, und sie baden gern.

Wir stehen an der Schwelle zu hoffnungsvollen Entwicklungen im Bereich der Vogelwelt, darum gilt es, das Naturschutzbewußtsein ständig zu heben, die Schönheit der uns umgebenden Natur zu pflegen und die gesamte Umwelt des Menschen gesund zu erhalten. Naturschutz bedeutet nicht nur Bewahren, sondern aktives Gestalten der Lebensbedingungen.

Zu den in diesem Buch vorgestellten geschützten, vom Aussterben bedrohten Arten gehören:
1. Fischadler
2. Seeadler
3. Steinkauz
4. Kranich
5. Großtrappe
6. Blauracke
7. Birkhuhn
8. Wiedehopf

Zu den hier vorgestellten geschützten bestandsgefährdeten Arten gehören:
1. Baumfalke
2. Sperber
3. Rotmilan
4. Weißstorch
5. Wasseramsel
6. Blaukehlchen

Zu den hier vorgestellten geschützten seltenen Arten gehören:
1. Sumpfohreule
2. Tannenhäher
3. Schwarzkehlchen

Zu den in diesem Buch vorgestellten geschützten, kulturell und volkswirtschaftlich wertvollen Arten gehören:
1. Schwarzmilan
2. Rohrweihe
3. Turmfalke
4. Waldohreule
5. Waldkauz
6. Schleiereule
7. Teichralle
8. Kiebitz
9. Bekassine
10. Turteltaube
11. Flußregenpfeifer
12. Raubwürger
13. Schwarzstirnwürger
14. Ziegenmelker

Zu den in diesem Buch vorgestellten ganzjährig geschonten jagdbaren Arten gehören:
1. Habicht
2. Mäusebussard
3. Höckerschwan

Zur systematischen Einteilung der vorgestellten Vögel

In diesem Band werden 60 Vogelarten in Text und Bild vorgestellt, die folgenden Ordnungen, Familien und Arten angehören:

Ordnung Lappentaucher
   Familie Lappentaucher: Haubentaucher
Ordnung Schreitvögel
   Familie Reiher: Graureiher
Ordnung Schreitvögel
   Familie Störche: Weißstorch
Ordnung Entenvögel
   Familie Entenvögel: Stockente, Graugans, Höckerschwan
Ordnung Kraniche
   Familie Kraniche: Kranich
Ordnung Rallen
   Familie Rallen: Teichralle, Bleßralle
Ordnung Möwen und Regenpfeiferartige
   Familie Regenpfeifer: Kiebitz, Flußregenpfeifer
   Familie Schnepfenähnliche: Bekassine
   Familie Möwen: Lachmöwe
Ordnung Falkenartige
   Familie Greifvögel: Mäusebussard, Sperber, Habicht, Rotmilan, Schwarzmilan, Seeadler, Rohrweihe, Fischadler, Baumfalke, Turmfalke
Ordnung Hühnervögel
   Familie Waldhühner: Birkhuhn
   Familie Fasanenartige: Rebhuhn
Ordnung Rallenartige
   Familie Trappen: Großtrappe
Ordnung Taubenartige
   Familie Tauben: Turteltaube

Ordnung Eulenartige
   Familie Eulen: Schleiereule, Steinkauz, Waldkauz, Waldohreule, Sumpfohreule
Ordnung Ziegenmelkerartige
   Familie Ziegenmelker: Ziegenmelker
Ordnung Rackenartige
   Familie Racken: Blauracke
   Familie Hopfe: Wiedehopf
Ordnung Spechtartige
   Familie Spechte: Kleinspecht, Wendehals
Ordnung Sperlingsvögel
   Familie Rabenvögel: Kolkrabe, Tannenhäher
   Familie Meisen: Schwanzmeise, Beutelmeise
   Familie Wasseramseln: Wasseramsel
   Familie Drosseln: Steinschmätzer, Braunkehlchen, Schwarzkehlchen, Blaukehlchen
   Familie Grasmücken: Drosselrohrsänger, Gelbspötter, Mönchsgrasmücke, Gartengrasmücke
   Familie Goldhähnchen: Sommergoldhähnchen
   Familie Stelzen: Baumpieper, Wiesenpieper, Gebirgsstelze, Schafstelze
   Familie Würger: Raubwürger, Schwarzstirnwürger
   Familie Finkenvögel: Hänfling, Birkenzeisig, Rohrammer

Übersicht der Ankunfts- und Abflugzeiten der vorgestellten Zugvögel

	Jan.	Febr.	März	April	Mai	Juni	Juli	Aug.	Sept.	Okt.	Nov.	Dez.
Baumfalke					■	■	■	■	■			
Baumpieper				■	■	■	■	■	■			
Bekassine			■	■	■	■	■	■	■			
Bleßralle			■	■	■	■	■	■	■	■		
Blaukehlchen		■	■	■	■	■	■	■	■			
Blauracke					■	■	■	■				
Braunkehlchen				■	■	■	■	■	■			
Drosselrohrsänger					■	■	■	■	■			
Fischadler				■	■	■	■	■	■	■		
Flußregenpfeifer				■	■	■	■	■				
Gartengrasmücke					■	■	■	■	■			
Gebirgsstelze			■	■	■	■	■	■	■	■		
Gelbspötter					■	■	■	■				
Graugans				■	■	■	■	■	■	■		
Graureiher			■	■	■	■	■	■	■			
Haubentaucher			■	■	■	■	■	■				
Höckerschwan				■	■	■	■	■	■	■		
Kiebitz			■	■	■	■	■	■				
Kranich			■	■	■	■	■	■	■	■		
Lachmöwe			■	■	■	■	■	■				

Übersicht der Ankunfts- und Abflugzeiten der vorgestellten Zugvögel

	Jan.	Febr.	März	April	Mai	Juni	Juli	Aug.	Sept.	Okt.	Nov.	Dez.
Mönchsgrasmücke				■	■	■	■	■	■	■		
Rohrammer			■	■	■	■	■	■	■	■		
Rohrweihe			■	■	■	■	■	■	■			
Rotmilan			■	■	■	■	■	■	■			
Schafstelze				■	■	■	■	■	■			
Schwarzkehlchen		■	■	■	■	■	■	■	■			
Schwarzmilan				■	■	■	■	■	■			
Schwarzstirnwürger					■	■	■	■	■			
Sommergoldhähnchen				■	■	■	■	■	■			
Sperber				■	■	■	■	■	■	■		
Steinschmätzer			■	■	■	■	■	■	■			
Sumpfohreule				■	■	■	■	■	■			
Teichralle				■	■	■	■	■	■			
Turmfalke			■	■	■	■	■	■	■	■		
Turteltaube					■	■	■	■	■			
Weißstorch			■	■	■	■	■	■				
Wendehals				■	■	■	■	■	■			
Wiedehopf				■	■	■	■	■	■			
Wiesenpieper			■	■	■	■	■	■	■			
Ziegenmelker				■	■	■	■	■				

Vögel unserer Heimat

Haubentaucher   Podiceps cristatus*

Der etwa entengroße Haubentaucher ist eine Zierde unserer Heimatgewässer. Auf größeren Seen oder Teichen, deren Ränder mit Rohr und Schilf bewachsen sind, fällt der Vogel im Frühjahr und Sommer durch seine lauten Rufe, den beim Schwimmen meist steil aufgerichteten weißen Hals und den Kopfputz auf. Diese zweizipfelige Federhaube und der schwarzbraune, nach den Wangen zu rostrote Kragen sind im *Ruhekleid* nur angedeutet. Die schwarzbraune Oberseite mit den rostbraunen Flanken setzt sich scharf vom Weiß der Unterseite ab. An den Zehen der weit hinten sitzenden Beine befinden sich lappenartige feste Verbreiterungen. Der Schwanz, ein kleines Büschel zerschlissener Federn, ist kaum sichtbar.

Das etwas kleinere Weibchen sieht wie das Männchen aus. Das Jugendkleid ähnelt dem Ruhekleid, jedoch zeigen Wangen und Halsseiten der Jungvögel eine Längsstreifung.

Ihre Nahrung erjagen die Haubentaucher meist tauchend; sie besteht aus kleineren Fischen, Kaulquappen, Fröschen, Wasserinsekten und deren Larven, Weich- und Krebstieren.

*Die hier und im folgenden unter dem deutschen Vogelnamen angegebenen Namen sind die international anerkannten wissenschaftlichen Benennungen der jeweiligen Vogelart. Das erste Wort gibt den Namen der Gattung, das zweite die Art und ein mitunter weiteres, drittes Wort den der Unterart oder Rasse an. Als Unterart oder Rasse werden geografisch getrennte Formen ein und desselben Typus, die zusammen eine Art ausmachen, bezeichnet.

Häufig lassen die Vögel ein tiefes „Korr korr" oder „Gröck", auch „Köck köck" hören, dies und ein knarrendes „Arrr" verrät die Anwesenheit sich streitender Haubentaucher. Feinden entziehen sie sich meist durch Tauchen; wenn sie sich bedroht fühlen, entschließen sie sich zum schnurrenden Geradeausflug.

Haubentaucher zählen zu den *Stand-, Strich-* und *Zugvögeln.* Die meisten von ihnen ziehen von Mitte August bis Oktober ins Mittelmeergebiet oder nach Nordafrika und Vorderasien. Manche überwintern auf eisfreien Seen im Brutgebiet und an der Küste. Bei uns stellt sich der Haubentaucher häufig paarweise im März/April im Brutgebiet ein.

Das meist schwimmende Nest wird von beiden Partnern aus Rohrstengeln, Schilf und anderen Wasserpflanzen gebaut. Im Mai liegen die 4 oder 5 bläulichweißen Eier darin, die sich im Laufe der Brutwochen braun färben. Beide Eltern brüten 25 bis 28 Tage. Sofort nach dem Schlüpfen streben die auf hellbraunem Grund dunkel längsgestreiften Jungen zum Wasser, zunächst aber im Rückengefieder oder unter den Flügeln ihrer Eltern sitzend. 10 bis 11 Wochen werden sie von den Altvögeln geführt und mit Nahrung versorgt. Ihre wie „bli bli bli" klingenden ständigen Bettelrufe sind in dieser Zeit oft zu hören.

Es findet meist eine Jahresbrut statt.

19

Graureiher   Ardea cinerea

Es gehört zu den besonderen Erlebnissen, einen bewegungslos im Uferwasser stehenden Graureiher beobachten zu können, denn sehr häufig ist dieser schöne, etwa storchengroße Vogel nicht. Leicht bestimmen kann man ihn, wenn er fliegt. Der dann S-förmig zurückgelegte Hals und die wuchtigen, weit ausholenden Flügelschläge machen ihn unverwechselbar.

Sein Gefieder ist oberseits hell aschgrau, die Unterseite und der Hals mit den beiden Längsfleckenbändern weißlich. Über dem Auge verläuft ein schwarzer Streif bis zur Spitze der verlängerten Scheitelfedern. Die Geschlechter unterscheiden sich äußerlich nicht. Die Jungen wirken durch ihren grauen Hals dunkler, und es fehlt ihnen der schwarze Augenstreif.

Als Aufenthalt werden gewässerreiche Niederungen des Binnenlandes und des Küstenraumes bevorzugt. Auch im Hügelland und in den Mittelgebirgen, zumindest überall da, wo Wasser ist, trifft man den Graureiher an. An Flüssen, Teichen und Seen mit seichten Uferzonen geht er wasserwatend auf Nahrungsuche. Besonders im Herbst sieht man ihn auch häufig bei der Mäusejagd auf feuchten Wiesen und auf Äckern. Seine Nahrung besteht aus Fischen, Würmern, Insekten, Fröschen, Molchen, Eidechsen und Mäusen. Bei der Vielfalt seiner Nahrung ist es nicht wahrscheinlich, auch nicht erwiesen, daß er dem natürlichen Fischbestand unserer Gewässer auf die Dauer Abbruch tut. Abwässer verursachen dem Fischbesatz der Seen und Flüsse viel mehr Schaden. Man zieht deshalb heute, da die Ernährungsweise dieses Vogels gut bekannt ist, den Namen Graureiher der alten Bezeichnung Fischreiher vor.

Meist wird man auf den Graureiher durch sein rauhes Geschrei aufmerksam: Im Fluge ruft er sein „Kräiik". Am Horst sind Laute wie „ro ro" und das keckernde Betteln der Jungen zu hören. Graureiher brüten meist gesellig auf alten Bäumen, seltener im Schilf. In nahrungsreichen Gebieten beherbergen die Brutkolonien oft viele Paare.

Die in Mitteleuropa beheimateten Graureiher sind überwiegend *Zugvögel*. Sie überwintern vor allem in den Mittelmeerländern. Nach ihrer Ankunft im Brutgebiet Ende Februar, Anfang März suchen sie häufig ihre alten Horste in den Wipfeln hoher Kiefern oder alter Laubbäume wieder auf. Der Nestunterbau besteht aus Knüppeln und Reisern und wird ständig ergänzt. In der mit dünnen Wurzeln und Schilfhalmen ausgepolsterten Nestmulde liegen zwischen Ende März und Mai 4 bis 5 blaugrünliche Eier. Die Brutdauer beträgt 25 bis 26 Tage. Beide Partner brüten. Nach etwa 9 Wochen sind die Jungreiher voll flugfähig. Dann streichen sie weit umher *(Zwischenzug)*. Erst im Laufe des Septembers und Oktobers ziehen die Graureiher ins Mittelmeergebiet. Gelegentlich versuchen einige Vögel bei uns an eisfreien Gewässern zu überwintern.

In der Regel findet nur eine Jahresbrut statt.

Weißstorch Ciconia ciconia

Der Weißstorch, Adebar genannt, was soviel wie Sumpfgänger bedeutet, lebt in der Nähe menschlicher Siedlungen. Er ist wenig scheu und bevorzugt als Lebensraum offenes Gelände, besonders feuchte Wiesen, Teichgebiete und Flußauen, wo er als reiner Fleischfresser hauptsächlich den Fröschen, Schlangen, Mäusen und Maulwürfen nachstellt, aber auch Würmern, Insekten und deren Larven.

Gelegentlich werden Eier und Jungvögel der Bodenbrüter verzehrt.

Der etwa 1 m große*, bis auf die schwarzen Schwungfedern weiße Vogel hat einen roten Schnabel und auch rote lange Beine. Männchen und Weibchen sehen gleich aus, und die voll befiederten Jungvögel ähneln den Eltern, nur sind bei ihnen die Beine vor dem Flüggewerden bräunlichrot oder rotgelb, der Schnabel ist schwärzlich.

Die Ursachen des in den letzten Jahrzehnten festgestellten Rückgangs der Brutpaare in Mitteleuropa sind noch nicht eindeutig geklärt. Für den Bestandsrückgang gibt es sicher viele Ursachen, wobei die Bodenkultivierung und die Entwässerungsmaßnahmen vermutlich eine Rolle spielen.

Außer dem fauchenden Zischen wütender Störche hört man von ihnen noch ein Klappern, ein schnelles Zusammenschlagen der Schnabelhälften. Hierbei legen die Vögel den Kopf auf den Rücken und nehmen ihn langsam unter dauerndem Klappern wieder nach vorn. Schon bald nach dem Schlüpfen üben sich auch die Nestjungen darin, aber sie piepen und miauen auch. Die hölzerne Klapperstrophe ist für unsern Hausstorch so bezeichnend, daß er den Namen „Klapperstorch" im Volksmund bekam.

Das umfangreiche, von beiden Partnern gebaute Nest wird auf Dächern, Schornsteinen und sonstigen hoch ragenden Gebäudeteilen errichtet. Gern nehmen die Störche die von Menschen angebrachten Nestunterlagen an. Seinem Nest bleibt der Weißstorch oft über viele Jahre treu, und er bessert es nach der Rückkehr aus dem Winterquartier immer wieder aus, bedeckt es mit neuen Zweigen und polstert die flache Mulde mit dürrem Gras, Federn und Papierfetzen aus. Mitte April liegen meist 3 bis 5 weiße Eier im Nest, die von beiden Eltern abwechselnd in 30 bis 34 Tagen ausgebrütet werden. Auch an der Aufzucht der Jungen beteiligt sich das Männchen. Nach etwa 63 Tagen sind die Jungstörche flugfähig, sie werden aber noch 1 bis 2 Wochen weitergefüttert.

Weißstörche brüten einmal im Jahr.

Weißstörche sind *Zugvögel*. Die bei uns brütenden Tiere kehren im März/April zurück. Im August verlassen sie das Brutgebiet auf 2 Zugwegen, einem südwestlichen über Gibraltar und einem südöstlichen über den Bosporus, um in Südafrika zu überwintern.

*Die hier und im folgenden angegebene Maßzahl gibt die Größe bzw. Länge der Vögel an, die von der Schnabelspitze bis zum Schwanzende gemessen wurde.

Höckerschwan   Cygnus olor

Nicht nur aus Märchen und Sagen ist uns der etwa 1,60 m große Höckerschwan mit dem anmutig gebogenen Hals wohlbekannt. Jeder hat ihn schon einmal auf Parkteichen oder an Seen beobachtet und gefüttert, den schneeweißen, stattlichen Großvogel mit dem roten Oberschnabel, an dessen Wurzel sich ein schwarzer Höcker befindet, und den schwarzgrauen Beinen. Das Weibchen ist etwas kleiner als das Männchen. Im Jugendkleid zeigen Höckerschwäne ein graubraunes Gefieder, einen bleigrauen Schnabel und auch bleigraue Beine. Der Höcker ist nur schwach angedeutet. Nach der zweiten Mauser im Herbst ist der Jungschwan ausgefärbt.

In unserem Gebiet leben die Höckerschwäne auf Seen mit breitem Schilfgürtel, auf Fischteichen unterschiedlicher Größe, auf langsam fließenden Gewässern mit reicher Unterwasservegetation und in Küstengewässern.

Die Nahrung des Höckerschwans besteht überwiegend aus Wasserpflanzen, Gräsern, Kräutern und Sämereien. In geringem Maße werden Wasserinsekten und ihre Larven aufgenommen.

Außerhalb der Brutzeit sind Höckerschwäne recht stumm. In Erregung schnarchen und zischen sie ähnlich wie Gänse. Im Fluge rufen sie niemals, doch klingt ihr rhythmisches Schwingengeräusch wie ein „Krau krau krau" zu uns herab. Die ursprüngliche Heimat der wilden Schwäne ist Nord- und Nordosteuropa. Im Winterhalbjahr halten sich nicht selten Durchzügler aus diesen Gebieten auf unseren eisfreien Gewässern auf. Die bei uns brütenden Höckerschwäne sind *Stand-* und *Strichvögel,* die zum Teil beträchtlich weit umherziehen.

Zeitig im Frühjahr, meist schon im März, suchen die Paare ihr Brutgebiet auf. Das Männchen grenzt sein Revier ab und verteidigt es energisch gegen Nebenbuhler. Das umfangreiche Nest, aus Reisern, Schilf- und Rohrstengeln gebaut, wird innen mit feinerem Material und Dunen ausgepolstert. Oft erreicht es einen Durchmesser von etwa 1,75 m. Ab Mitte April bis Mai liegen 5 bis 8 grünlichgraue Eier darin, die in etwa 35 bis 38 Tagen vom Weibchen allein bebrütet werden. Die Kücken sind Nestflüchter, das heißt, sie verlassen das Nest kurz nach dem Schlüpfen, werden aber noch lange Zeit von beiden Eltern betreut. Nach ungefähr 4½ Monaten sind sie flugfähig.

Zu beachten ist, daß Höckerschwäne einem sich in Nestnähe aufhaltenden Beobachter gefährlich werden können.

Es findet eine Jahresbrut statt.

Graugans   Anser anser

Von der etwa 80 cm großen Graugans stammt unsere Hausgans ab, und so findet man mitunter bei den Hausgänsen wildfarbene Tiere – eine Erinnerung an die Vorfahren. Bei den Graugänsen gibt es eine westliche und eine östliche Rasse. Sie unterscheiden sich geringfügig in der Färbung des Schnabels und des Gefieders. Die in unserem Gebiet brütende westliche Rasse hat einen orangefarbenen Schnabel, die östliche einen fleischroten. Beide Rassen zeigen ein graues Gefieder, das bei der östlichen Rasse heller wirkt als bei der westlichen. Die Beine sind bei beiden Rassen fleischfarben. Männchen und Weibchen gleichen einander.

Das Kleid der Jungen ähnelt dem Alterskleid, wirkt aber oberseits dunkler. Bei den Jungtieren sind die Füße olivgrau.

Die Nahrung der Graugänse besteht aus Pflanzen und allerlei Sämereien und wird aus dem Wasser, überwiegend aber weidend an Land aufgenommen.

Der Lockton der Graugans ist das von der Hausgans her bekannte schnatternde „Gagagag", auch „Gigagag". In Erregung wird gezischt, und das Triumphgeschrei ist laut und gellend. Die Gössel rufen „wiwiwiwi".

Die Gänse sind außerhalb der Brutzeit meist gesellige Vögel, die sich auf der Wanderung und den winterlichen Äsungsplätzen in großen Mengen zusammenfinden. Die Brutgebiete der Graugans liegen vor allem östlich der Elbe, und sie bevorzugt einsame, stille Seen mit ausgedehnten Schilfbeständen, Moore, Sumpfgebiete und Brüche mit nahen Wiesen und Äckern.

Das Nest, ein umfangreicher Bau aus Rohrstengeln, Schilfhalmen und anderen Wasserpflanzen, liegt meist erhöht auf trockenen Inseln, Erhöhungen der Uferregion und auf Bülten, das sind dicht bewachsene, kleine Grashügel, an schwer zugänglichen Stellen in Feuchtgebieten. Ausgepolstert ist das Nest mit feinen Halmen und Dunen. Das volle Gelege findet man bei uns schon Ende März bis Mitte April. Es besteht aus 4 bis 9 schmutzigweißen, glanzlosen Eiern, die das Weibchen allein ausbrütet, während das Männchen in einiger Entfernung vom Nest wacht. Die Brutdauer beträgt 28 bis 29 Tage. An der Aufzucht der Jungen ist auch das Männchen beteiligt. Nach etwa 2 Monaten sind die Jungen flugfähig. Graugänse leben in Dauerehe, sie zählen zum scheuesten und vorsichtigsten Flugwild.

Es findet eine Jahresbrut statt.

Graugänse sind *Zugvögel*. Sie verlassen uns im September/Oktober und überwintern in Südwest- und Südosteuropa, aber schon im Februar, meist jedoch im März, kehren sie in die Brutheimat zurück.

Stockente   Anas platyrhynchos

Die Stockente ist für viele Menschen schlechthin die „Wildente", ein in unserm Gebiet allgemein verbreiteter Brutvogel. Sie kann im Herbst und Winter oft zu Hunderten auf Gewässern beobachtet werden.

Alle Rassen der Hausente stammen von der Stockente ab. Der Erpel, wie der männliche Vogel bei den Enten heißt, schillert im *Brutkleid* (Hochzeitskleid) an Kopf und Oberhals grün. Einem weißen Halsring folgt die rotbraune Vorderbrust. Als besonderes Kennzeichen zeigt der Erpel vier sichelförmig gekrümmte Schwanzfedern. Bei beiden Geschlechtern fällt ein schwarz und weiß eingefaßtes, blauviolett leuchtendes Band am Flügel auf, der *Spiegel*. Das Gefieder der Ente ist braun, die Kopfseiten sind heller als der Oberkopf, ein dunkler Streifen geht durch das Auge. Von Ende Mai bis August ähnelt der Erpel in seinem *Ruhekleid* der Ente, und auch das Jugendkleid ist braun wie das Kleid der Ente.

Der Ruf des Erpels ist ein schnarrendes „Rräb rräb rräb", das er das ganze Jahr über hören läßt, und während der Paarungszeit pfeift er auch kurz und hoch „fibb". In Tonhöhe und -stärke absinkend, ruft das Weibchen „waak waak waak waak".

Die Nahrung der Stockente besteht überwiegend aus pflanzlichen Stoffen. Außer Samen aller Art sowie Knospen und Trieben der Wasser- und Sumpfpflanzen werden auch Insekten und deren Larven, Würmer, Schnecken, Kaulquappen und anderes kleines Wassergetier aufgenommen. Beim Gründeln, wie man das Suchen der Nahrung unter Wasser nennt, ragt der Hinterleib der Ente senkrecht aus dem Wasser.

Das Nest aus trockenem Pflanzenmaterial steht gut gedeckt meist am Rande stiller Seen, Teiche, in Bruch- und Sumpfgebieten am Boden. Die Nestmulde wird mit feinen Halmen, später mit vielen graubraunen Dunen ausgekleidet. Auch auf Parkgewässern der Städte siedelt sich die Stockente an, und sie baut hier ihr Nest unter Sträucher und im Pflanzengewirr am Ufer. Die meist 7 bis 11 graugrünen oder hellgrünen Eier, die bereits im März darin liegen, brütet das Weibchen in 24 bis 28 Tagen allein aus. Die Jungen sind *Nestflüchter* und werden bis zur Flugfähigkeit noch etwa 8 Wochen vom Weibchen geführt, ihr Futter aber nehmen sie selbständig auf.

Es findet meist nur eine Jahresbrut statt.

Nach dem Flüggewerden der Jungenten finden sich die Tiere in größeren Verbänden, Schofe genannt, zusammen. Im Herbst trifft man die Stockenten in Scharen auf großen Gewässern an. Hier bleiben sie, bis Frost und Eis sie zum Abwandern zwingen. In West- und Mitteleuropa ist die Stockente *Stand-* und *Strichvogel*, in Nordeuropa auch *Zugvogel*. Die Ankunft im Brutgebiet erfolgt Ende Februar und im März.

Seeadler   Haliaeëtus albicilla

Im Küstengebiet der Ostsee und in wald- und gewässerreichen Gegenden des Flachlandes im Norden Mitteleuropas ist der bis zu 90 cm große Seeadler Brutvogel. Fast 2½ Meter klaftern seine Flügel, und er zählt zu den größten Vögeln Europas.

Der Seeadler war einst weit verbreitet, wurde aber von den Menschen stark bejagt und fast ausgerottet. Durch wirksame Schutzmaßnahmen konnten die restlichen Bestände gerettet, mancherorts dadurch sogar neu belebt werden. Dennoch ist seine Art vom Aussterben bedroht.

Der Seeadler kann mit keinem anderen bei uns lebenden Greifvogel verwechselt werden. Unverkennbar sind die breiten, brettartigen, im Bug nicht gewinkelten Schwingen, die er beim Kreisen und Segeln sehen läßt, sowie der kurze, keilförmige Stoß, wie der Schwanz bei den Greifen heißt. Der mächtige Schnabel ist gelb. Ausgefärbte Altvögel haben bis auf den gelblichweißen Kopf und Hals und den weißen Stoß eine dunkel- bis fahlbraune Färbung. Das Weibchen ist größer als das Männchen. Jungvögel wirken dunkler, auch Kopf, Hals, Stoß und Schnabel sind dunkel gefärbt. Erst im 6. bis 7. Lebensjahr wird das vollkommene Alterskleid angelegt.

Der Seeadler lebt an nahrungsreichen Gewässern mit alten Waldbeständen. Zu seiner Nahrung gehören in der Hauptsache Fische, die er an der Wasseroberfläche, seltener im Stoßtauchen erbeutet. Aber er schlägt auch Wassergeflügel und kleine bis mittlere Säuger. Gelegentlich jagt er anderen Vogelarten die Beute ab. Während der Wintermonate ernährt er sich mitunter von toten Tieren.

Weit hörbar stößt er in rascher Folge hohe „grigrigrigrigrick"-Rufe und ein tiefes, bellendes „Gra gra gra" oder „Krau krau" aus.

Seeadler sind standorttreu. Ihr umfangreicher Horst steht meist in größeren Waldbeständen hoch auf Kiefern, Buchen oder Eichen, an nordeuropäischen Küsten auch auf Felsen. Schon Ende Februar bis Anfang März liegen 2, selten 3 kalkweiße Eier in der mit Halmen, Flechten und Moos ausgelegten flachen Horstmulde. Die Brutdauer schwankt zwischen 38 und 42 Tagen. Nach etwa 85 Tagen sind die Jungen flugfähig. Es findet eine Jahresbrut statt.

Der Seeadler ist *Stand-* und *Strichvogel*. Jungadler streichen in Gesellschaft von Artgenossen weit umher. Die alten Horstpaare bleiben im Revier, bejagen aber im Winter ein umfangreicheres Gebiet. An der Küste und an größeren Binnengewässern besteht während der Monate Oktober und März gelegentlich Aussicht, durchziehende Seeadler zu beobachten.

Mäusebussard   Buteo buteo

Neben dem Turmfalken (siehe Seite 48) ist der 53 bis 56 cm große Mäusebussard der häufigste unserer heimischen Greifvögel. In Färbung und Zeichnung sehr variabel, finden sich bei den Mäusebussarden vom schwarzbraunen bis zu hell rahmfarbenen Tieren alle Farbübergänge. Die Oberseite ist meist etwas dunkler als die Unterseite. Alte Bussarde sind unterseits mehr oder weniger quer-, die Jungen längsgestreift. Der kurze Stoß zeigt eine enge Querbänderung. Beim segelnden Kreisen fallen die breiten, abgerundeten Schwingen und der gefächerte Stoß besonders auf.

Männchen und Weibchen kann man wegen des geringen Größenunterschiedes kaum auseinanderhalten.

Den Mäusebussard trifft man in fast allen Landschaften an. In der Regel horstet er im Wald und jagt auf den angrenzenden Äckern, Wiesen und anderen offenen Flächen. Von einer erhöhten Warte aus oder im Such- und Rüttelflug werden überwiegend Feldmäuse, daneben andere Kleinsäuger, aber auch Jungvögel, Eidechsen, Frösche, Würmer und größere Insekten erbeutet. Im Winter sieht man den Bussard auch am Fallwild sitzend fressen.

Seine miauenden langgezogenen „hiäh"-Rufe sind vor allem ab März bei den Balzflügen hoch über dem Brutrevier zu hören. Zur gleichen Zeit beginnen auch beide Partner den Horst in den Stammgabeln hoher Kiefern, Buchen und Eichen zu bauen, besonders wenn diese am Rand geschlossener Waldungen stehen. Der Unterbau besteht aus Zweigen und Ästen, die Mulde wird mit Moos, Halmen, Rindenstücken und Heidekraut, der Horstrand mit frischgrünen Zweigspitzen ausgelegt. Die meist 2 bis 3 Eier liegen Anfang April im Horst. Sie sind auf trübweißem Grund mehr oder weniger rot- und graubraun gefleckt. Die Brutdauer beträgt etwa 33 Tage. Im Alter von 42 bis 49 Tagen verlassen die Jungen den Horst. Es findet eine Jahresbrut statt.

In unserem Gebiet ist der Mäusebussard überwiegend *Stand-* und *Strichvogel*. Die hier geborenen Jungen überwintern zum Teil in Süd- und Südwesteuropa. Der Abflug findet Ende September bis Ende Oktober, die Rückkehr Ende Februar bis Mitte März statt.

Im Winter bei uns anzutreffende Mäusebussarde stammen aus Nord- und Osteuropa.

Habicht   Accipiter gentilis

Der Größenunterschied der Geschlechter ist beim Habicht auffallend. Die Größe beträgt beim *Terzel* etwa 48 cm, beim bussardgroßen Weibchen etwa 60 cm. Die Färbung der Oberseite zeigt ein Graubraun bis Schiefergrau, die weißliche Unterseite eine dunkle Querbänderung, der verhältnismäßig lange Stoß vier dunkle Binden. Jungvögel sind oberseits stärker bräunlich gefärbt, ihre Unterseite ist rostgelb mit dunkler Längsfleckung.

Der Habicht war bei uns ein verbreiteter Brutvogel, jetzt ist er gebietsweise selten geworden und genießt ganzjährig Schonzeit.

Habichte bevorzugen abwechslungsreiches Gelände, zum Beispiel Wälder, die an Wiesen und Felder grenzen. In Waldrandrevieren und Feldgehölzen jagen sie in niedrigem Flug über den Boden, und hier schlagen diese wendigen Kurzstreckenjäger in überraschenden Angriffen Vögel und kleinere Säugetiere. Kein Lebewesen, von Mäusen über Eichhörnchen bis zu Jungfüchsen, von Drosseln über Eichelhäher und Tauben bis zu Fasanen, ist vor ihren Zugriffen sicher.

Ihre unauffällige Jagdweise ermöglicht es kaum oder nur zufällig, sie zu beobachten. Im freien Luftraum sieht man sie selten, doch besteht im Februar/März Aussicht, Habichte bei ihren Balzflügen hoch über dem Brutplatz zu bewundern.

Nähert man sich dem engeren Brutbezirk, dann warnt der Habicht mit energischen „giak giak giak giak"- oder „kiähh"-Rufen.

Auch „gigigigi"-Rufreihen sind zu hören, sonst ruft er wenig.

Den Horst errichten Habichte meist auf hochgelegenen Ästen alter Bäume dicht in Stammnähe, er besteht aus Ästen und Zweigen. Die Mulde kleiden die Vögel mit grünen Zweigspitzen und mit Rindenstücken aus und belegen während der Brutzeit den Horstrand ständig mit frischem Grün. Ab Mitte April bis Ende Mai enthält das Nest 3 bis 4 grünlichweiße, meist ungefleckte Eier, die etwa 38 Tage bebrütet werden. Nach 36 bis 40 Tagen Nestlingszeit verlassen die Jungen den Horst und halten sich im Geäst in der Nähe des Brutbaumes auf. Noch einige Wochen versorgen die Altvögel sie mit Nahrung, vertreiben sie aber dann aus dem Revier.

Der Habicht brütet nur einmal im Jahr.

Er ist bei uns *Standvogel*, der am erwählten Revier festhält, und nur die Jungen streichen weiter umher. Im Winter erscheinen manchmal in geringer Zahl Zuwanderer aus Nordeuropa.

Sperber Accipiter nisus

Wie beim Habicht (siehe Seite 34) ist auch beim Sperber der *Terzel* deutlich kleiner als das Weibchen. Seine Länge beträgt etwa 28 cm, die des Weibchens etwa 38 cm.

Die Oberseite des Männchens ist blaugrau, die Unterseite auf hellem Grund rostrot quergebändert, Wangen und Flanken sind rostbraun. Junge, aber schon verpaarte Männchen haben eine bräunliche Oberseite und eine schmutzigweiße Unterseite mit graubrauner, grober Querbänderung. Das Weibchen zeigt eine graubraune Oberseite, die weißliche Unterseite ist dunkel quergebändert. Bei beiden Geschlechtern trägt der auffallend lange Stoß vier dunkle Binden.

Auch bei uns ist der Sperber als Brutvogel gebietsweise selten geworden. Er führt wie der Habicht ein verstecktes Leben und kann daher schwer beobachtet werden. Man entdeckt ihn in lichten Wäldern, Heckenlandschaften, Feldgehölzen und Parkanlagen und besonders im Winter auch in der Nähe menschlicher Siedlungen, wo er den Sperlingen und Grünfinken nachstellt.

Sein schneller Flug wird von segelndem Gleiten unterbrochen. Zuweilen sieht man ihn auch beim Spähflug über offenem Gelände. Er rüttelt aber auf Beutesuche nicht wie der Turmfalke (siehe Seite 48), sondern lauert beobachtend im Hinterhalt, um sich blitzschnell und in rasendem Flug auf eine Beute zu werfen. Diese intensive Jagd unter Anspannung aller Kraft und mit größter Gewandtheit ist ihm nur auf kurzen Strecken möglich, wobei ihn Hindernisse nicht schrecken, ja, er folgt der flüchtenden Beute sogar in Hecken oder durch offenstehende Türen und Fenster. Der Sperber jagt hauptsächlich Vögel, wobei das Männchen Beute bis zur Drosselgröße schlägt, das Weibchen auch Tauben und Krähen.

Sperber rufen wenig. Am Brutplatz sind hohe „gigigigigi"-Rufreihen oder „güh güh"- und „güu"-Lockrufe zu hören.

Meist steht der Sperberhorst, aus dürren Nadelholzzweigen gebaut, in mittlerer Höhe dicht am Stamm im Fichtenstangenholz an Waldrändern. In der Nestmulde liegen ab Mitte Mai 4 bis 6 weißliche Eier mit violettgrauen und braunen Flecken, die das Weibchen 33 Tage bebrütet. In dieser Zeit versorgt das Männchen es mit Nahrung. Nach 26 bis 30 Tagen sind die geschlüpften Jungen flugfähig. Sie werden noch etwa 2 bis 3 Wochen im Horstrevier von den Altvögeln betreut.

Es findet eine Jahresbrut statt.

Sperber sind bei uns *Stand-* und *Zugvögel*. Im Herbst ziehen sie nach West- und Südwesteuropa beziehungsweise bis nach Nordafrika. Die Sperber, die wir im Winter in unserem Gebiet antreffen, stammen meist aus dem Norden: *Wintergäste*, die sich mit den im Brutgebiet verbliebenen Artgenossen das Jagdgebiet teilen. Die im Oktober nach Süden abgezogenen Sperber kehren Mitte März bis April in die Brutheimat zurück.

Rotmilan   Milvus milvus

Der Rotmilan wird häufig „Gabelweihe" genannt. Dieser Name ist irreführend; denn der Rotmilan gehört nicht zu den Weihen. Der Name geht auf ein besonderes Merkmal dieses etwa 62 cm großen rötlichbraunen Vogels zurück: auf seinen tief gegabelten rostroten Schwanz, der ihn auch von seinem etwas kleineren, schwarzbraunen Vetter, dem Schwarzmilan (siehe Seite 40), unterscheidet.

In der Färbung gleicht das etwas größere Weibchen des Rotmilans dem Männchen. Das grauweiße Kopf- und Halsgefieder ist dunkel gestrichelt. Die rotbraune Oberseite wird durch helle Federsäume aufgelichtet, während die rostrote Unterseite dunkle Striche zeigt. Beim fliegenden Vogel fallen auf der Unterseite der meist gewinkelten Schwingen die großen weißlichen Flecken auf. Jungvögel haben einen bräunlichen Kopf.

Bei uns ist der Rotmilan ein unregelmäßig verbreiteter Brutvogel. Stellenweise fehlt er, in anderen Gebieten dagegen kommt er häufig vor. Man kann ihn in den Randzonen geschlossener Waldungen oder in Wäldern, die an Felder und Wiesen grenzen, antreffen. Wälder mit altem Baumbestand bevorzugt er.

Seine weiten Nahrungsuchflüge unternimmt der Rotmilan über Felder und Freiflächen. Er ist nicht wie der Schwarzmilan unbedingt an Wasser gebunden, jedoch bezieht er Gewässer häufig mit in den Jagdraum ein. Neben Aas nimmt dieser Suchflieger die erspähte Beute meist aus dem Gleitflug auf. Er schlägt Kleinsäuger aller Art, Vögel und sonstige kleinere Wirbeltiere. Auch Fische gehören zu seiner Nahrung. Gelegentlich jagt er einem anderen Greifvogel seine Beute ab.

Der Ruf des Rotmilans ist ein langgezogenes „Hiäh". Während der Paarungszeit reiht er seine Rufe aneinander, so daß man ein helles Trillern hört. Er warnt mit „Biijö biwitt".

Der Horst steht auf hohen Bäumen an Waldrändern. Gebaut wird er aus daumenstarken Knüppeln bis zu dünnem Reisig. Die Horstmulde wird mit allem, was zu finden ist, ausgekleidet: mit Lumpen, Papierfetzen, Kunststoffteilen, Gummiresten, Dachpappe, Grasbüscheln, Dungballen, Moos, Federn und anderem Material. In der Regel liegen ab Mitte April bis Mitte Mai 2 bis 3 trübweiße, mit rötlichbraunen Flecken und dickeren Kritzeln, sogenannten Wurmlinien, versehene Eier im Nest. Die Brutdauer beträgt 30 bis 32 Tage. Die geschlüpften Jungen, die Nestlinge, verbringen noch 48 bis 54 Tage im Nest.

Es findet eine Jahresbrut statt.

Bei uns ist der Rotmilan *Zugvogel*. Er zählt zu den Frühlingskündern, im März bis Anfang April kehrt er aus seiner Winterherberge in Frankreich, Spanien und Nordwestafrika in die Brutheimat zurück. Ende August setzt in unserm Gebiet der Zug in die Winterquartiere ein, der bis Oktober anhält. Gelegentlich überwintern einzelne Exemplare im Brutgebiet.

Schwarzmilan   Milvus migrans

Der Schwanz des 57 cm großen Schwarzmilans zeigt im Gegensatz zu dem des Rotmilans (siehe Seite 38) nur eine schwache Gabelung. In der Gesamtfärbung wirkt der Schwarzmilan düsterer als sein etwas größerer rötlichbrauner Vetter. Seine Gefiederfarbe ist ebensowenig schwarz, wie der Rotmilan wirklich rot ist, sondern überwiegend dunkelbraun. Kopf, Nacken und Kehle sind weißgrau und haben dunkle Striche. Die Unterseite des Vogels zeigt ein Dunkelrotbraun mit schwarzen Strichen. Männchen und Weibchen kann man in Größe und Färbung kaum unterscheiden. Die Jungen ähneln den Altvögeln, doch sind im Jugendkleid Kopf und Hals gelbbräunlich.

Bei uns ist der Schwarzmilan gebietsweise ein verhältnismäßig häufiger Brutvogel, und sein Bestand blieb in den letzten Jahren stabil. Er ist eng an Wasser gebunden und hält sich vorzugsweise in bewaldeten Stromgebieten und wasserreichen Landstrichen auf.

Niedrig fliegend, zieht der Schwarzmilan auf der Suche nach Beute langsam über Gewässer und offenes Gelände. Er frißt Aas, nimmt kranke und tote Fische auf, verschmäht aber auch lebende Beute wie junges Wassergeflügel, Kleinsäuger, Frösche, Eidechsen und allerlei Insekten nicht.

Sein Ruf, ein hohes Trillern, beginnt mit langsamen „wührihihihihi"-Rufen. Ende März kann man die Paare bei ihren schönen Balzflügen hoch über Wasserflächen sehen, wobei sie häufig laut trillern.

Der Horst steht meist auf hohen Bäumen in der Nähe von Flüssen oder Seen und ist aus Reisern gebaut. Auch hier wird wie beim Rotmilan die Nestmulde mit allerlei Fundmaterial wie Lumpen, Papierfetzen, Schafwolle, Grasbüschel und Moos ausgekleidet. Die in der Regel 2 bis 3 weißlichen, sparsam rötlichbraun gefleckten und mit Wurmlinien versehenen Eier liegen ab Mitte April im Nest. Die Brutdauer beträgt etwa 32 Tage, die Jungen sind nach 42 bis 45 Tagen Nestlingszeit flugfähig.

Der Schwarzmilan brütet nur einmal im Jahr.

Als *Zugvogel* überwintert der Schwarzmilan im tropischen und südlichen Afrika; er verläßt seine Brutheimat ab Mitte August bis Mitte September und kehrt Ende März zurück.

Fischadler   Pandion haliaetus

Ein Sonderling unter den Greifvögeln ist der Fischadler: Er hat sich einseitig auf Fischfang spezialisiert. Seine blaugrauen Fänge, deren Außenzehen wie bei den Eulen nach hinten gewendet werden können, sind unterseits mit scharfen, stachelartigen Schuppen ausgestattet. Sie ermöglichen es ihm, den schlüpfrigen, zappelnden Fisch sicher zu greifen und festzuhalten.

Männchen und Weibchen sind in Größe (etwa 60 cm) und Färbung kaum zu unterscheiden. Die Oberseite des Fischadlers ist dunkelbraun. Vom Auge zum Hinterkopf verläuft ein dunkles Band. Der Oberkopf mit dem meist gesträubten weißlichen Schopf zeigt braune Streifen. Bis auf ein hellbräunliches Brustband leuchtet die Unterseite weiß, der Stoß ist gebändert. Eine Schenkelbefiederung fehlt dem Fischadler, sie wäre ihm wohl auch beim Stoßtauchen hinderlich. Jungvögel ähneln weitgehend den Altvögeln, nur sind bei ihnen die braunen Federn der Oberseite weißlich gesäumt.

Der Fischadler lebt in bewaldeter Umgebung fischreicher Seen, Teiche und langsam fließender Gewässer mit waldgesäumten Ufern. Im Suchflug mit möwenartig angewinkelten, schmalen Schwingen streicht er über das Wasser, rüttelt immer wieder, bis er schließlich eine Beute erspäht hat. Dann stößt er blitzschnell, und zwar mit angelegten Schwingen ins Wasser, in dem er meist vollständig untertaucht. Kurz vor dem Eintauchen werden die Fänge weit vorgestreckt, um den Fisch zu ergreifen. Hat er die Beute fest, hebt er mit schwerem Flügelschlag unter großer Anstrengung vom Wasser ab, schüttelt im Abstreichen das Wasser aus dem Gefieder und fliegt zur nächsten Warte, wo er die Beute kröpft.

Während der Balz läßt der Fischadler scharfe „tjipptjipptjipp"-, am Horst dagegen „kjükjükjück"-Rufreihen hören.

Der umfangreiche Horst ist aus Knüppeln und Reisern erbaut. In unserem Gebiet steht er meist in den Wipfeln hoher, frei stehender Kiefern in der Nähe von Gewässern. Ab Ende April liegen in der mit Rasenstücken ausgelegten Nestmulde 2 bis 4, meist auf weißem Grund dunkelrotbraun und aschgrau gefleckte Eier, die hauptsächlich das Weibchen in 37 bis 38 Tagen ausbrütet. Einige Stunden täglich wird es jedoch vom Männchen beim Brüten abgelöst. Nach einer Nestlingszeit von 55 bis 60 Tagen verlassen die Jungen den Horst und werden noch eine Zeitlang von den Eltern mit Nahrung versorgt.

Fischadler brüten einmal im Jahr.

Als *Zugvogel* verläßt der Fischadler bei uns ab August sein Brutgebiet und überwintert im tropischen und südlichen Afrika, von wo er gewöhnlich in der ersten Aprilhälfte zurückkehrt. Zu den Zugzeiten besteht in Teich- und Seengebieten die Möglichkeit, durchziehende Fischadler außerhalb ihrer Brutgebiete zu beobachten.

Rohrweihe   Circus aeruginosus

Die Rohrweihe, ein Vogel feuchter Niederungen mit Seen, Teichen, Sümpfen und ausgedehnten Schilfgebieten, streicht oft auch über Felder, Wiesen und Weiden. Hier überall ist ihr Jagdgebiet, hier schlägt sie ihre Beute. Weihen kann man leicht erkennen. Wenn sie im niedrigen Suchflug wendig dahingleiten, schweben, schaukeln, sieht man ihre schlanke Gestalt, die langen, schmalen Flügel und den ebenfalls langen Schwanz.

Insbesondere aber die im Gleitflug V-förmige Haltung der Flügel unterscheidet die Rohrweihe deutlich von anderen Greifvögeln.

Die bei uns häufigste Art ist die bussardgroße Rohrweihe. Ihre Größe beträgt 48 bis 56 cm. Beim ausgefärbten Männchen ist das Gefieder des Rückens und der Schultern dunkelbraun, der hell rostgelbe Kopf und der Schwanz haben eine dunkle Streifung. Die Armschwingen sowie der Schwanz sind grau, die Flügelspitzen schwarz, Bauch und Hosen (die Befiederung der gelben Läufe) rostbraun gefärbt. Bei dem fast einfarbig dunkelbraunen Weibchen leuchten nur Oberkopf, Nacken, Kehle sowie der Flügelbug gelblichweiß. Manche der dunkelbraunen Jungvögel zeigen hell ockergelbe Scheitel und Kehlen, wobei diese helle Färbung unterschiedliche Ausdehnung aufweist.

Zur Nahrung der Rohrweihen gehören Insekten, Mäuse, Kleinvögel wie Lerchen, Ammern und Stare, junges Wassergeflügel und halbverendete Fische. Die Beute wird meist im niedrigen Flug durch rasches Zustoßen ergriffen. Als Nestplünderer sind die Rohrweihen gefürchtet.

Nach der Rückkehr aus dem Winterquartier vollführen die Paare hoch über dem Brutgebiet ihre Balzflüge und zeigen im wirbelnden Spiel mit Stürzen und Überschlägen höchste Flugkunst.

Der zweisilbige hohe Balzruf klingt wie „quieäh" oder „klieeh" oder „küieh". Gewarnt wird mit keckerndem „Kike kike". Ihre Stimme ist also recht modulationsfähig, aber nicht oft zu hören.

Der umfangreiche Horst steht versteckt im dichten Röhricht, meist auf umgeknickten Halmen, und ist aus Schilf, Rohr und trockenen Reisern gebaut. Im Mai liegen in der Nestmulde gewöhnlich 4 bis 5 kalkweiße, ungefleckte Eier, die 33 bis 36 Tage bebrütet werden. Die Jungen verbleiben etwa noch 35 Tage im Nest, halten sich danach in dessen Nähe auf, werden dort von den Eltern weitergefüttert und verlassen im Alter von etwa 56 Tagen voll flugfähig den Brutbezirk. Die Rohrweihe brütet einmal im Jahr.

Als *Zugvogel* verläßt die Rohrweihe ihr Brutgebiet bei uns bereits im August/September und überwintert in Afrika, zum Teil auch schon in den Mittelmeerländern. Ende März und April kehren die Vögel zurück.

Baumfalke   Falco subbuteo

Der Baumfalke, ein schlanker, spitzflügeliger, etwa 30 bis 36 cm großer Greifvogel, ist in Europa selten. Mit dem häufiger zu beobachtenden, etwa gleich großen Turmfalken kann man ihn nur dann verwechseln, wenn man nicht beachtet, daß der Turmfalke rüttelt (siehe Seite 48), was der Baumfalke niemals macht.

Die Oberseite dieses schnittigen Falken zeigt ein dunkles Schiefergrau, Kehle und Halsseiten sind weißlich. Die markante Kopfzeichnung weist einen deutlichen dunklen *Bartstreif* auf. Unterseits ist der Vogel weiß bis rahmfarben mit dunkler Tropfenfleckung. Auffällig leuchten die rostroten Hosen und die Unterschwanzdecken. Das etwas größere Weibchen sieht dem Männchen ähnlich, hat aber unterseits eine etwas gröbere Zeichnung. Jungvögel wirken bräunlicher und haben unterseits noch keine rostrote Befiederung, auch ihre Wangenzeichnung ist noch nicht so kontrastreich.

Der Baumfalke bevorzugt offenes Gelände mit Feldgehölzen und lichtem Mischwald sowie die Ränder von Kiefernwaldungen mit angrenzenden Wiesen und Feldern. Hier kann man auch seine hellklingenden „kikikikiki"-Rufreihen oder die gedehnten „gieh gieh"- oder „gäth gäth gäth"-Rufe hören.

In reißendem Fluge schlägt der Baumfalke, mitunter Lerchenfalke genannt, Kleinvögel. Selbst die gewandten Schwalben und Mauersegler erbeutet er. Fliegende Insekten, besonders Libellen, werden gegriffen und im Fluge aus den Fängen gekröpft. Bald jagt er niedrig über eine Heidelichtung, dann wieder tragen ihn wenige Flügelschläge hoch über die Baumkronen, und er stößt aus großer Höhe auf seine Beute. In leichtem Schwung greift dieser Blitzjäger die aufsteigende Lerche in der Luft. Die elegante Flugweise und die Jagd des Baumfalken bleiben für den Beobachter immer ein aufregendes Erlebnis.

Baumfalken nisten meist in alten Krähennestern hoch oben auf Bäumen nahe eines Waldrandes. Die in der Regel 3 gelblichweißen Eier sind rotbraun oder gelbbraun gefleckt und werden hauptsächlich vom Weibchen etwa 28 Tage bebrütet. Die Jungen verbleiben nach dem Schlüpfen im Nest, sind *Nesthocker*, und erst nach 28 bis 32 Tagen flugfähig. Auch danach werden sie noch 2 bis 3 Wochen von den Eltern mit Nahrung versorgt.

Baumfalken brüten einmal im Jahr.

Als *Zugvogel* verläßt der Baumfalke im September sein Brutgebiet und überwintert in Afrika und in Indien. Spät, erst Anfang Mai, kehrt er zurück.

Turmfalke   Falco tinnunculus

Neben dem Mäusebussard (siehe Seite 32) ist der etwa 34 cm große Turmfalke der häufigste Greifvogel unserer Heimat.

Im Fluge fallen die spitzen Flügel und der lange Schwanz auf. Gut zu erkennen ist er durch sein häufiges Rütteln, ein Flattern des Vogels auf der Stelle. Über Wiesen und Äcker in etwa 15 bis 20 m Höhe fliegend und rüttelnd, sucht er seine Nahrung, die vorwiegend aus Feldmäusen besteht. Er erbeutet sie in steilem Zustoßen. Auch andere kleine Wirbeltiere und Insekten aller Art werden vom Boden aufgenommen. Selten gelingt es ihm, einen Vogel zu schlagen.

Die Oberseite des Männchens leuchtet zimtbraun und zeigt dunkle tropfenförmige Flecken. Scheitel, Nacken und Schwanz, der eine schwarze Endbinde vor der weißen Spitze trägt, sind blaugrau. Die rahmfarbene Unterseite des Vogels ist schwach dunkel gefleckt. Beim Weibchen weisen Oberseite und Schwanz eine rötlichbraune Färbung, Kopf und Nacken eine dunkle Längsstreifung, Rücken und Oberflügeldecken eine dunkle Querfleckung auf. Der dunkel gebänderte Schwanz und die stärker längsgefleckte Körperunterseite unterscheidet es deutlich vom etwas kleineren Männchen. Die Jungvögel gleichen weitgehend dem Weibchen.

Das vor allem in Horstnähe vernehmbare helle Kichern klingt wie „kikiki" oder „gigigigi". Die Nestjungen rufen „zirr zirr".

Wir können den Turmfalken im offenen Gelände mit eingesprengten Baumgruppen und Feldgehölzen, in Steinbrüchen, an Felswänden, aber auch häufig in den Städten beobachten. Hier horstet er in Mauerlöchern und -nischen der Türme oder in Ruinen und unter Hausdächern. In der freien Flur steht das Nest in Baumhöhlen; er nimmt aber auch verlassene Tauben- und Krähennester an.

Die Ablage der Eier beginnt gewöhnlich im letzten Drittel des Monats April. Das Weibchen sitzt etwa 28 Tage auf den 5 bis 6 auf hellem Grund dicht rotbraun gefleckten Eiern. Nach weiteren 28 bis 32 Tagen verlassen die Jungvögel den Horst, in dessen Nähe sie sich aber noch einige Zeit aufhalten.

Es findet eine Jahresbrut statt.

Die im Norden lebenden Turmfalken überwintern in Mittel- und Südeuropa, die südlich lebenden sind *Standvögel*. Die bei uns brütenden Turmfalken ziehen im September/Oktober ins Winterquartier und kehren im März zurück.

Birkhuhn Lyrurus tetrix

In Heiden mit lockerem Baumbestand, in unberührten Mooren mit Birken und Erlengebüsch, in lichten Laubwäldern, in Gebirgen, wo sich am Rande der Baumgrenze feuchte Bergmatten hinziehen, lebt das Birkwild. Es war nirgends häufig, aber doch um die Jahrhundertwende noch weit verbreitet. Heute ist es in vielen Gebieten ausgestorben oder nur in geringen Beständen vorhanden.

Beim Birkwild ist der Hahn größer als die Henne. Seine Größe beträgt etwa 58 bis 65 cm, die der Henne etwa 45 bis 50 cm. Vom September bis zum Juli zeigt sich der Birkhahn im *Brutkleid*: Kopf, Hals und Kropfgegend schillern schwarzblau, Aftergegend und Unterschwanzdecken leuchten weiß. Auf den schwarzbraunen Flügeln mit weißer Binde befindet sich am Bug der Armschwingen ein weißer Fleck. Die Rosen über den Augen schwellen zur Balzzeit an und leuchten in kräftigem Rot. Die äußeren Schwanzfedern sind sichelförmig nach außen gebogen (Leierschwanz). Die Henne weist eine überwiegend rotbraune Färbung mit weißgrauer und dunkler Bänderung auf. Ihr Schwanz ist leicht gegabelt. Das Jugendkleid ähnelt dem Kleid der Henne. Jungen Hähnen fehlt der Glanz des Gefieders, Rosen und Leierschwanz sind weniger ausgeprägt.

Die Nahrung des Birkwildes besteht vorwiegend aus Moor- und Heidepflanzen, Wildkräutern des Grünlandes und Kulturpflanzen wie Hafer und Buchweizen. Während des Sommers und solange die Jungen geführt werden, stehen auch Würmer und Insekten auf dem Speisezettel.

Die *Balz* der Birkhähne setzt meist Ende März ein. Lange vor Sonnenaufgang beginnen die auf bestimmten freien Plätzen sich einfindenden „Spielhähne" mit gesträubten Federn, schleifenden Flügeln und hochaufgeschlagenem, gespreiztem Stoß umherzutrippeln, wobei sie zischen, fauchen und kollern. Bei der Verteidigung des Balzreviers ruft der Hahn sein „Krokraio", und an Stelle eines Gesangs läßt er sein „Turr turr turr" hören. Der Hennenruf ist ein lautes „Gaggag".

Das Bodennest, meist in der Nähe des Balzplatzes gelegen, gleicht einer flachen Mulde; es ist meist mit dürren Blättern, Halmen oder Moos ausgelegt. Die 6 bis 10 ockergelben, mit vielen rotbraunen Punkten und Flecken bedeckten Eier brütet das Weibchen in 26 bis 27 Tagen allein aus. Die Küken sind *Nestflüchter* und nach etwa 4 Wochen selbständig, bleiben aber bis zum Winter im Familienverband.

Das Birkwild brütet einmal im Jahr.

Das in unserem Raum lebende, ganzjährig geschützte Birkhuhn ist *Standvogel*.

Rebhuhn   Perdix perdix

Die Gefiederfarbe dieses taubengroßen, leider recht selten gewordenen Bodenvogels wirkt überwiegend graubraun, aber an den Kopfseiten und der Kehle zeigt sich ein Rostbraun. Brust und Unterseite sind grau mit braunem, hufeisenförmigem Schild und rotbraun gebänderten Flanken. Die Zeichnung des Bauchfleckes ist beim Weibchen weniger ausgeprägt. Auf freiem Feld kann man die Geschlechter nicht genau unterscheiden. Das Jugendkleid ähnelt dem Kleid des Weibchens, jedoch ohne Spuren eines Schildes.

Rebhühner leben gesellig und lassen oft und laut ihre Rufe ertönen. Besonders in den Morgen- und Abendstunden erschallt weit hörbar ihr „Kirreck" oder „Kirräh" über die Felder. Verängstigte Hühner rufen gellend „repp repp repp" oder „girr". Man kann sie in der offenen Kulturlandschaft, auf Wiesen und Äckern mit Hecken und Gebüsch, das ihnen Deckung bietet, antreffen.

Die Nahrung des Rebhuhns besteht vorwiegend aus Sämereien und Beeren. Als Grünäsung nimmt es gern Löwenzahn, Schafgarbe und Wintersaaten. Während der Sommermonate werden Insekten aller Art, Würmer und Schnecken verzehrt.

Bereits in der Vorfrühlingszeit, wenn die *Balz* beginnt, lösen sich die Familienverbände, die während des Winters zusammenhielten, auf. Es bilden sich Paare, und jedes Paar behauptet sein Revier. In Kleeschlägen, an Wegrändern, Zäunen und auf Ödland unter dem Schutz von Hecken liegt das Nest gut versteckt. Es ist eine flache, mit wenigen Halmen und altem Laub ausgelegte Bodenmulde. Ab Mitte Mai liegen 10 bis 20 einfarbig olivbraune Eier darin, die vom Weibchen allein 23 bis 25 Tage bebrütet werden. Etwa 2 Wochen nach dem Schlüpfen sind die Jungen flugfähig und bleiben lange im Familienverband.

Es findet eine Jahresbrut statt.

Als *Standvogel* verläßt das Rebhuhn sein Brutgebiet nur selten. Obwohl anpassungsfähig, gerät es jedoch in strengen Wintern mit hoher Schneelage oft in Not. Es wurde festgestellt, daß bei einer mehrere Wochen liegenden Schneedecke, die im Laufe der Zeit verharrscht, in unserem Gebiet die Winterverluste bis zu 50 Prozent betragen. Mancherorts wird versucht, die durch ungünstige Witterungseinflüsse eingetretenen Schäden durch eine gute Umweltgestaltung auszugleichen.

Kranich   Grus grus

Zu den streng geschützten Vögeln gehört der Kranich. Mit einer Höhe von 115 bis 120 cm ist er einer der größten heimischen Vögel.

Kraniche sind Bodenvögel. Das Männchen und das etwas kleinere Weibchen zeigen eine Graufärbung. Auffällig ist die schwarzweiße Zeichnung an Kopf und Hals. Auf dem Scheitel leuchtet eine unbefiederte rote Kopfplatte. Die stark verlängerten inneren Armschwingen bilden einen über den Schwanz herabhängenden Federbusch und täuschen Schwanzfedern vor. Im Jugendkleid sind Kopf, Hals sowie die Oberseite des Vogels einfarbig bräunlichgrau, die Schmuckfedern am Rücken wenig ausgeprägt.

Der Kranich fliegt mit ausgestrecktem Hals und ausgestreckten Beinen. Ziehende Vögel bilden Keil- oder Linienformationen. Man wird meist zur Zugzeit durch ihre trompetenden Rufe „Kruh kruh kruh" auf sie aufmerksam.

Bevorzugte Lebensräume dieser scheuen Vögel sind abgelegene, wasserreiche Wiesen und Moore, Erlenbrüche, Verlandungszonen von Seen und Luchgebiete. Hier und auf benachbarten Feldern kann man die selten gewordenen Kraniche, besonders im Tiefland des nördlichen Mitteleuropas, noch öfter sehen, wenn sie nahrungsuchend Insekten aller Art, Frösche, Eidechsen, Mäuse und Jungvögel erbeuten. Sie verschmähen aber auch pflanzliche Kost wie Grünzeug, saftige Wurzeln und Beeren nicht.

Nach der Rückkehr aus der Winterherberge im März/April suchen sich die Paare einen Nistplatz. Bei der *Balz* schreiten beide stelzend umher, das Männchen macht dabei Verbeugungen, springt mit ausgebreiteten Schwingen hoch und trompetet.

Männchen und Weibchen bauen an schwer zugänglichen Stellen, zum Beispiel auf einer kleinen Insel oder einer sonstigen Erhebung im Luch, ein großes, flaches Bodennest aus trockenen Schilfhalmen, auf das Riedgras, Moos und Grasbüschel geschichtet werden. Im April oder Anfang Mai enthält es meist 2 olivgrüne, mit braunen und mattgrauen Flecken versehene Eier, die von beiden Altvögeln etwa 29 bis 30 Tage abwechselnd bebrütet werden. Beide führen und betreuen auch die Kücken, bis sie nach 9 bis 10 Wochen flugfähig sind.

Kraniche brüten einmal im Jahr.

Bereits im August finden sich die ersten Kraniche aller Altersstufen auf Sammelplätzen ein. Im September nimmt ihre Zahl stark zu. Hunderte sind es dann. Für die aus den nördlichen und nordöstlichen Gebieten eintreffenden Kraniche sind die in unserem Gebiet liegenden Sammelplätze zugleich Rastplätze, und sie werden erst verlassen, wenn im Oktober der Aufbruch dieser *Zugvögel* ins Winterquartier nach Südeuropa oder Afrika beginnt.

Großtrappe   Otis tarda

Die Großtrappe gehört zu den Vögeln, deren Bestand in Europa ziemlich schnell abnimmt. In Westeuropa ist sie in den vergangenen Jahrzehnten als Brutvogel mehr und mehr verschwunden. Bei uns zählt sie zu den streng geschützten Tieren, deren Erhaltung großer Anstrengungen bedarf.

Trappen sind sehr scheue Tiere und flüchten bei der geringsten Störung. Zunächst eilen sie mit gemessenen, raumgreifenden Schritten davon. Wenn sie spüren, daß das Fortlaufen sie nicht genügend schnell von dem Störenfried entfernt, streichen sie ab. Im Fluge wirken Trappen fast weiß.

Im *Brutkleid* trägt das etwa 1 m große Männchen am Kinn lange Bartfedern. Die braune Oberseite zeigt eine kleine dunkle Wellenzeichnung, die weiße Unterseite ein rötlichbraunes Band am Hals. Die Handschwingen sind schwarz, die Armschwingen größtenteils weiß, Kopf und Hals grau gefärbt. Die Henne ähnelt dem Hahn, ist jedoch kleiner als er, und ihr fehlen der Federbart und das Halsband. Trappen im Jugendkleid sind ähnlich der Mutter matt gefärbt.

Die Großtrappen lieben weites, offenes Land, einsame Feld- und Wiesenfluren sowie Luchflächen. Solche ungestörten Lebensräume werden aber in Mitteleuropa immer seltener, und eingezäuntes Weideland oder von den sonst so nützlichen Windschutzanpflanzungen umgebene Flächen meiden die mißtrauischen Großvögel.

Ihre Nahrung besteht überwiegend aus pflanzlicher Kost: Knospen, Triebe, Blätter und Sämereien, daneben verzehren sie aber auch Würmer, Insekten und deren Larven und kleinere Wirbeltiere.

Stimmäußerungen hört man bei der Freilandbeobachtung der Tiere kaum. Bekannt sind Erregungs- und Warnrufe sowie fauchende und schnarchende Töne. Die Küken pfeifen und trillern, beides dient ausschließlich als Signal und Stimmfühlungslaut für Mutter und Geschwister.

Die *Balz* der Trapphähne Anfang April ist ein in der Endphase beeindruckendes Schauspiel: Der Hahn stülpt sein Gefieder förmlich um und erscheint dadurch weithin sichtbar als leuchtender, weißer Federball, der sich ruckartig hin und her dreht.

Ein Nest baut die Großtrappe nicht. In einer gescharrten flachen Mulde auf Wiesen, in Raps- oder Hackfruchtschlägen und in Getreidefeldern liegen ab Ende April 2 bis 3 graugrüne bis olivbraune Eier mit verwaschenen braunen Flecken. Die Brutdauer beträgt etwa 25 Tage. Die Hähne beteiligen sich nicht am Brutgeschäft. Die Jungen sind zwar *Nestflüchter*, aber anfangs unbeholfen und werden noch längere Zeit von der Mutter betreut. Nach 6 bis 7 Wochen sind sie flugfähig, bleiben jedoch bis zum Frühjahr bei den Hennen, die im Winterhalbjahr zusammen mit den Vögeln anderer Familien Überwinterungsscharen bilden und mitunter weit umherstreichen.

Es findet eine Jahresbrut statt.

Trappen sind bei uns *Stand-* und *Strichvögel*. Sie bleiben meist im Brutgebiet und fliegen nur in strengen, schneereichen Wintern west- bis südwestwärts.

Teichralle   Gallinula chloropus

Die braunschwarze Teichralle, 33 cm groß, ist kleiner als die häufigere Bleßralle (siehe Seite 60) und hat ein rotes Stirnschild, das in den roten Schnabel mit der gelben Spitze übergeht. Auffallend sind die weißen Streifen an den Flanken sowie die weißen Unterschwanzdecken mit dem schwarzen Mittelfeld. Ein rotes „Strumpfband" ziert über dem Gelenk die langzehigen grünen Beine. Die Geschlechter gleichen sich.

Den jungen Teichrallen fehlt im ersten Jahr das Rot an Stirn und Schnabel, ihr Gefieder ist mehr graubraun, und sie haben eine helle Kehle.

Die Teichralle ist weit verbreitet. Bei uns hier finden wir sie an vegetationsreichen Gewässern, in Sumpfzonen, an den Ufern verwachsener Teiche, kleinster Tümpel und vielerorts häufig an Stadtparkteichen, wenn sie sich dort gut verstecken kann.

Ob sie bedächtig zwischen dem Pflanzenwuchs am Ufer herumsteigt oder auf dem Wasser schwimmt, immer nickt sie mit dem Kopf, zuckt der gestelzte Schwanz. Doch ihr klangvolles „Kürrk" oder scharfes „Kickkickkick" verrät ihre Anwesenheit.

Beim Auffliegen läuft sie eine Strecke flügelschlagend über die Wasseroberfläche, ehe sie abhebt, rettet sich bei Gefahr aber lieber durch Tauchen oder verschwindet im schützenden Uferdickicht.

Die Teichralle ist Allesfresser. Die pflanzliche Nahrung besteht überwiegend aus Sproßteilen, Blättchen, Samen und Früchten der Wasser- und Uferpflanzen, die tierische aus Würmern, Schnecken, Spinnentieren, Insekten aller Art und gelegentlich aus Aas.

Das umfangreiche Nest, von Männchen und Weibchen gemeinsam aus Pflanzenteilen gebaut, befindet sich meist in der Randvegetation des Gewässers dicht über dem Wasserspiegel auf umgeknickten Rohrstengeln und Schilfhalmen, zuweilen auch im unteren Gezweig von Uferbüschen. Die in der Regel 7 bis 10 gelblichbraunen Eier sind gefleckt. Sie werden in der Zeit von Anfang Mai bis Juli gelegt. Die Bebrütungsdauer beträgt 20 bis 21 Tage. Beide Partner sind an der Brut und Aufzucht der Jungen beteiligt, gelegentlich füttern auch die selbständigen Jungen aus dem ersten Gelege ihre schwarzbedunten Geschwister der zweiten Brut.

Es finden 2, mitunter auch 3 Jahresbruten statt.

Teichrallen sind *Nestflüchter*, die Jungen kehren aber nach den ersten Wasserausflügen in das Nest zurück und werden auch dort von beiden Eltern noch einige Tage versorgt. Sie sind erst nach etwa 5 Wochen selbständig.

In Mitteleuropa ist die Teichralle *Zugvogel*, sie überwintert in Süd- und Westeuropa. Der Zug in die Winterquartiere beginnt bei uns im September und dauert bis zum Spätherbst, aber schon im März kehrt sie in das Brutgebiet zurück.

Bleßralle   Fulica atra

Die knapp 40 cm große schwarzgraue Bleß-ralle mit schwarzem Kopf und Hals, der wei-ßen Stirnblesse und dem weißen Schnabel ist während der Wintermonate an offenen Gewässern zu Hunderten zu beobachten – eine vertraute Erscheinung. Die Geschlech-ter ähneln sich. Jungvögel wirken braun-grau und an Kopf, Hals und Brust grauweiß. Die Füße der Bleßrallen tragen statt Schwimmhäuten Hautlappen an den Zehen. Bei uns ist die Bleßralle an Teichen, Seen und langsam fließenden Wasserläufen ein häufiger Brutvogel. Sie schwimmt kopfnik-kend und wendet sich dabei nach rechts und links. Vor dem Tauchen hebt sie sich mit kur-zem Sprung aus dem Wasser und stößt dann in die Tiefe, nach wenigen Sekunden schnellt sie wie ein Kork wieder empor. Häu-fig sieht man sie flügelschlagend und laut platschend über das Wasser laufen.

In der Uferzone des Gewässers sucht sie den größten Teil ihrer Nahrung, die haupt-sächlich aus pflanzlichen Stoffen, aber auch aus Würmern, Schnecken, Insekten, deren Larven und aus Lurchen besteht.

Sie ruft „köw" oder „kröw" und läßt auch ein scharfes „Pix" hören.

Früh im Jahre sondern sich die Paare ab und verteidigen ihr kleines Brutrevier in nicht zu dichtem Schilf- und Rohrgürtel der Gewäs-ser. Das Nest aus allerlei Wasserpflanzen wird von Männchen und Weibchen gemein-sam gebaut. Das Gelege enthält 6 bis 9 gelb-lichgraue, fein dunkel gepunktete Eier. Beide Eltern brüten abwechselnd 21 bis 24 Tage. Die Jungen sind *Nestflüchter*. Sie können sofort schwimmen und tauchen, werden aber von den Alten noch längere Zeit geführt und im Nest gehudert. Nach etwa 8 Wochen sind sie flugfähig.

In der Regel findet eine Jahresbrut Mitte April statt, bisweilen eine zweite im Juni.

Bleßrallen sind *Teilzieher*; ihr Zugverhalten ist uneinheitlich. Bei uns überwintern viele im Brutgebiet und auf eisfreien Gewässern. Meist gesellen sich zu ihnen *Wintergäste* aus Nord- und Nordosteuropa. Sie weichen erst bei stärkeren Kälteeinbrüchen nach Süden oder Südwesten aus. Bereits Anfang März kehren sie in ihre Brutheimat zurück.

Kiebitz   Vanellus vanellus

Der Kiebitz belebt im zeitigen Frühjahr unsere feuchten Wiesen, Flußufer, Moore und Brüche. Nach seiner Ankunft Ende Februar, Anfang März im Brutgebiet wird man durch seine akrobatischen *Balz*flüge voller Kapriolen und das jauchzende „Kuiwitt kiewitt" sowie das „Wuwuwuwuwu", ein wuchtelndes Fluggeräusch, auf ihn aufmerksam. Mit zuckenden Schwingen hebt er sich in mäßige Höhe, wirft sich nach rechts und links und kippt plötzlich steil ab, um sich erst kurz über dem Boden wieder zu fangen, wobei sich überschlagende „knui knui knuiii"-Rufe zu hören sind. Bei der Bodenbalz wird viel geknickst, gedienert, der Schwanz gefächert, und immer wieder ertönt das laute „Kiewitt".

Auf größere Entfernung und im Fluge wirkt der taubengroße Kiebitz schwarzweiß. Im Fluge fallen die breiten Flügel auf. Gut zu erkennen ist auch der schwarze Federschopf. Seine dunkle Oberseite schillert metallisch grün und violett, blauschwarz der Brustlatz, und hell leuchtet die weiße Unterseite. Der weiße Schwanz trägt eine breite, schwarze Endbinde, die Unterschwanzdecken zeigen ein Zimtbraun. Beim ähnlichen Weibchen ist das blauschwarze Kehlgefieder mit weißen Federchen durchsetzt.

Im *Ruhekleid* sind bei Männchen und Weibchen die Kopfseiten bräunlichweiß, Kinn und Kehle weiß. Die Federn der Oberseite haben teilweise hellgelbliche Säume.

Das Jugendkleid gleicht dem Ruhekleid.

Die Nahrung der Kiebitze besteht überwiegend aus Insekten, deren Larven, Würmern und kleinen Schnecken.

Die flache Nestmulde auf trockenen Stellen im Sumpfgebiet ist mit Halmen und Stengelchen spärlich ausgelegt. Schon von Anfang April an bis Mai liegen 4 olivgrüne, braun und schwarz gefleckte Eier darin, die von beiden Partnern 24 bis 26 Tage bebrütet werden.

Es findet eine Jahresbrut statt.

Die Jungen sind *Nestflüchter* und nach etwa 6 Wochen selbständig. Nach dem Flüggewerden verlassen sie das Brutgebiet, und man kann sie danach mit alten Kiebitzen in Scharen auf Äckern, Rüben- und Kartoffelfeldern bis in den Herbst hinein *(Zwischenzug)* beobachten.

Kiebitze, die in unserem Raum brüten, verlassen uns im August/September und überwintern in den Mittelmeerländern und in Nordafrika.

Flußregenpfeifer   Charadrius dubius

Dieser knapp 16 cm große Vogel findet an Fluß- und Seeufern mit Kies- oder Sandbänken gute Lebensbedingungen. Auch in alten Kiesgruben wird er angetroffen. Neuerdings dehnt der Flußregenpfeifer sein Brutgebiet auf Abraumhalden des Braunkohlentagebaus und sonstige Ödflächen, oft abseits von Gewässern, aus.

Durch sein flötendes „Tiüh tiüh tiüh" wird man auf ihn aufmerksam, aber er läßt auch einen weich trillernden *Balz*gesang „Dlidlidlia dialüllül" hören, und in der Erregung ruft er „gigigig". Wie ein Bällchen scheint er am Ufer entlangzurollen; so schnell bewegen sich die Füßchen, daß man sie kaum wahrnehmen kann. Aber sie hinterlassen eine Perlenschnur kleiner Vogelspuren auf dem Sandstreifen des Flußufers. Die Spuren weisen auf den Flußregenpfeifer hin, der hier Insekten und deren Larven gejagt, Würmer und Spinnen aufgelesen hat.

Der etwa lerchengroße, oberseits graubräunliche Vogel hat eine weiße Unterseite. Über dem schwarzen Stirnband verläuft eine weiße Linie. Auffallend ist das Kropfband, das im Jugendkleid noch nicht ausgebildet, sondern durch einen braungrauen, verwaschenen Fleck an den Brustseiten angedeutet wird. Das Weibchen sieht dem Männchen sehr ähnlich.

Als Nest dient meist eine Vertiefung auf Kies- oder Sandflächen. In dieser flachen Mulde, die mit kleinen Steinchen und Schneckenschalen ausgelegt ist, werden ab Ende Mai die 4 weißlichgrauen bis sandfarbenen Eier mit dunklen Punkten und Kleck-

sen abwechselnd von beiden Partnern 24 bis 26 Tage bebrütet. Die Jungen sind *Nestflüchter*, werden aber noch etwa 5 Wochen von den Eltern geführt.

Es finden häufig 2 Bruten im Jahre statt.

Der Flußregenpfeifer überwintert im Mittelmeerraum und in Afrika südwärts bis zum Äquator. Mitte April trifft er im Brutgebiet ein, das er im August/September verlassen hatte.

Warum die Vögel den Namen Regenpfeifer tragen, ist kaum zu ergründen. Sie pfeifen zwar viel bei Regen, aber ebenso bei schönem Wetter. Wetterpropheten sind sie sicherlich nicht.

Bekassine   Gallinago gallinago

Es gehört zu den seltenen Erlebnissen, die reichlich drosselgroße Bekassine in ihrem Lebensraum aus der Nähe beobachten zu können. Sie ist ein heimlicher, sich bei Gefahr an den Boden drückender Vogel, der erst kurz bevor ein Beobachter ihn erreicht aufsteht und in reißendem, flachem Zickzackflug mit heiserem „ätsch"-Ruf abstreicht.

Anders verhalten sich Bekassinen beim *Balz*flug im März/April. Dann umkreist das Männchen in 50 bis 100 m Höhe sein Revier, stürzt mit gespreiztem Schwanz abwärts. Durch das Vibrieren der äußeren Schwanzfedern entsteht ein eigentümlich dumpf meckerndes Geräusch, was der Bekassine im Volksmund auch den Namen „Himmelsziege" eingebracht hat. Das Weibchen lockt vom Boden aus mit monotonem „Tücke tücke tücke". Auch sind häufig Laute wie „tjet tjet tjet" oder „djeppe djeppe djeppe" zu hören.

Der Kopf dieses langschnäbligen Vogels zeigt einen dunkelbraunen Scheitel und einen hellen Überaugenstreif. Der Rücken ist schwarz- und rostbraun gezeichnet und hat eine gelbliche Längsstreifung. Die Brust weist auf bräunlichem Grund eine dunkle Fleckung auf. Die Unterseite leuchtet weißlich. Männchen und Weibchen sind gleichfarben; das Jugendkleid ähnelt dem Alterskleid.

Die Bekassine bewohnt feuchte Wiesen, Sümpfe, Moore, Rieselfelder, Brüche und Verlandungszonen. Hier stochert sie im weichen Sumpfboden nach allerlei Gewürm und Insektenlarven. Sie nimmt auch Pflanzenteile auf.

Nach ihrer Rückkehr aus dem Winterquartier, etwa Anfang März, wird das Brutrevier durch die anfangs beschriebenen Balzflüge markiert. Das Nest steht versteckt auf dem Boden zwischen hohem Gras oder auf Bülten im Seichtwasser, ein kunstloser Bau, mit trockenen Halmen ausgelegt. Ab Mitte April liegen meist 4 olivfarbene, dunkel gefleckte Eier darin, die 19 bis 21 Tage bebrütet werden. Die Jungen sind *Nestflüchter* und nach 6 Wochen selbständig.

In der Regel findet eine Jahresbrut statt.

Die Bekassine zieht zwischen August und Oktober in ihr Überwinterungsgebiet in Süd- und Westeuropa oder im tropischen Afrika. Häufig werden durchziehende Bekassinen auf den Schlammflächen abgelassener Teiche und auf Rieselfeldern beobachtet. Auch bei uns ist die Bekassine durch das Trockenlegen von Sümpfen und nassen Wiesen als Brutvogel leider selten geworden.

Lachmöwe Larus ridibundus

Wenn die etwa 40 cm große Lachmöwe sich im *Brutkleid* zeigt, ist sie mit keiner anderen einheimischen Möwenart zu verwechseln. Wir kennen sie jedoch fast nur in ihrem *Ruhekleid*, denn während der Herbst- und Wintermonate sieht man große Scharen Lachmöwen auf den Gewässern der Städte und Großstädte, und sie wird dort von Ufern und Brücken aus von Passanten, die sich an ihren Flugkünsten erfreuen, gern gefüttert. Ein gut sichtbares Merkmal am fliegenden Vogel ist der weiße Flügelvorderrand und die schwarze Flügelspitze. Während der Brutzeit bildet der schokoladenbraune Kopf der Lachmöwe ein gutes Artenkennzeichen. Im Ruhekleid ist der Kopf jedoch bis auf einen kleinen dunklen Fleck in der Ohrgegend weiß. Beide Geschlechter haben eine blaugraue Oberseite bei einem sonst weißen Körper. Schnabel und Füße leuchten das ganze Jahr über rot. Jungmöwen tragen am Kopf, auf Rücken und Flügeln braune Flecken, und der weiße Schwanz endet mit einer schwarzen Binde.

Die Nahrung der Lachmöwen besteht je nach Saison und Gelegenheit aus Wasserinsekten, Käfern, Regenwürmern, Engerlingen, Drahtwürmern, Eintagsfliegen, Fröschen und Mäusen. Im Winter werden sie, wenn sie auf Schuttplätzen und Rieselfeldern nach Nahrung suchen, zu nicht wählerischen „Allesfressern".

Ihr laut kreischendes „Krriää" oder „Käk käk", in allen möglichen Abstufungen, lassen sie allerorts lautstark und häufig hören. Ihren Namen verdankt die Lachmöwe also keineswegs der Lautgebung, sondern, wie wir im folgenden noch feststellen werden, ihrer Vorliebe für bestimmte Nistplätze.

In Mitteleuropa ist die Lachmöwe die einzige in großer Menge am Süßwasser brütende Möwenart. Lachmöwen nisten gesellig in Verlandungsgebieten größerer Seen, an Teichen und Lachen, in Sumpfgebieten, aber auch auf kleinen Inseln an Meeresküsten. Das meist auf dem Boden zwischen Schilf und Rohr oder auf Bülten errichtete Nest wird von beiden Partnern gebaut. Ende April liegen gewöhnlich 3 in der Färbung unterschiedliche, meist aber olivbräunliche, dunkel gefleckte Eier darin. Männchen und Weibchen brüten abwechselnd etwa 23 Tage. Die Jungen sind nur teilweise *Nesthocker*, sie laufen nach 2 bis 3 Tagen innerhalb der Brutkolonie umher und sind nach 5 bis 6 Wochen flugfähig.

Lachmöwen brüten einmal im Jahr.

Viele mitteleuropäische Lachmöwen überwintern in den an Flüssen oder Seen liegenden Städten, andere ziehen in die Mittelmeerländer oder weiter südlich. Der Zug setzt meist Ende Juli ein und dauert bis zum Spätsommer. Die bei uns lebenden Lachmöwen kehren Ende März in ihr Brutgebiet zurück.

Turteltaube   Streptopelia turtur

Die 28 cm große, gebietsweise seltene oder ganz fehlende Turteltaube fällt durch ihre Zierlichkeit und das farbenprächtige Gefieder auf. Der Oberkopf ist blaugrau, rostbraungrau der Rücken, Kropf und Brust sind weinrötlich überflogen. An den Halsseiten leuchten schwarzweiße Schmuckfederreihen. Die Oberflügeldeckfedern zeigen eine kontrastreiche Zeichnung: schwarzbraune Schäfte und rotbraune Säume. Die Unterseite ist grauweißlich, der abgerundete dunkle Schwanz weiß gesäumt. Die Färbung des etwas kleineren Weibchens wirkt matter. Im Jugendkleid fehlen die schwarzweißen Federchen an den Halsseiten und an der Brust der rötliche Schimmer.

In unserem Gebiet bevorzugen Turteltauben als Brut- und Nahrungsräume Auwälder, unterholzreiche Mischwälder, Feldgehölze, Heckenlandschaften, Obstbaumplantagen und Parkanlagen.

Die Nahrung der Turteltaube besteht hauptsächlich aus Sämereien aller Art, vor allem von Fichten, Kiefern, Birken und Wildkräutern. Beeren, Knospen, Grünzeug und Insekten; kleine Schnecken sowie Gewürm werden ebenfalls aufgenommen.

Gleich nach ihrer Rückkehr aus dem Winterquartier lassen die Vögel im Brutgebiet das schnurrende Gurren „Turr turr turr", das der Tauber in langen Rufreihen unermüdlich vorträgt, hören. Die Täubin ruft zarter und selten. Das verhältnismäßig kleine flache Nest errichten beide Partner aus dünnen Zweigen gut versteckt in Büschen oder auf Bäumen in Stammnähe. Das Gelege besteht aus 2 weißen, glänzenden Eiern, die Männchen und Weibchen abwechselnd bebrüten. Die Brutdauer beträgt etwa 15 Tage. Bereits nach 15 bis 16 Tagen verlassen die Jungen das Nest, sind einige Tage später flugfähig und nach 30 bis 35 Tagen selbständig.

Tiere, die in unserem Gebiet brüten, haben einmal im Jahr Junge. In den wärmeren Gebieten Mitteleuropas brütet die Turteltaube zweimal im Jahr.

In Mitteleuropa ist die Turteltaube *Zugvogel*. Ende April, meist Anfang Mai kehrt sie aus ihren afrikanischen Überwinterungsgebieten in die Brutheimat zurück, die sie Ende September/Anfang Oktober wieder verläßt.

Schleiereule   Tyto alba

Eulen, von denen in diesem Buch Schleiereule, Waldkauz, Waldohreule, Sumpfohreule und Steinkauz vorgestellt werden, sind mit wenigen Ausnahmen Nachtjäger. Sie sehen nachts sehr gut, gleichermaßen auch am Tage. Die Unbeweglichkeit ihrer Augen wird durch die erstaunliche Drehfähigkeit des Kopfes ausgeglichen. Sie haben ein sehr gutes Gehör, als Nachtjäger sind sie darauf angewiesen, auch das leiseste Geräusch wahrzunehmen. Eulenfüße sind meist bis zu den Krallen befiedert. Die paarweise nach vorn und hinten gerichteten Zehen besitzen lange spitze Krallen, die sie in ihre Beute schlagen. Als Mäusevertilger spielen die Eulen eine wichtige Rolle; sie genießen ganzjährig Schutz.

Das Gesicht der dunkeläugigen, etwa 35 cm großen Schleiereule, die hier als erste vorgestellt werden soll, ist unverwechselbar: Es hat Herzform. Dieser „Schleier", wie man dazu auch sagt, der bei keiner anderen Eulenart so deutlich ausgeprägt ist, und die feine Tropfenzeichnung des Gefieders machen sie zu einer der schönsten Eulen unserer Heimat. Das Federkleid erscheint in vielen Farbvarianten. So weist ihre Unterseite mal eine mehr rostgelbe, mal rötlichere, dann wieder eine hellere, ins Weißliche gehende Tönung mit dunklen Perlflekken auf. Die Oberseite ist jedoch immer rostgelb und grau gezeichnet und gepunktet. Der Schleier zeigt manchmal ein dunkles Graubraun, dann wieder ein Gelb- bis Rotbraun. Männchen und Weibchen kann man äußerlich voneinander nicht unterscheiden.

Das Jugendkleid gleicht dem Kleid der Altvögel.

Tagsüber hält sich die Schleiereule in einem dunklen Winkel in Scheunen, im Gebälk von Dorfkirchtürmen oder in altem Gemäuer, nicht selten auch in bewohnten Taubenschlägen versteckt. Bei hereinbrechender Dämmerung unternimmt sie von hier aus ihre nächtlichen Jagdflüge. Auf Kleinnager spezialisiert, besteht ihre Hauptnahrung je nach Angebot aus Feld-, Wald-, Haus- und Spitzmäusen.

Oft läßt sie ein Fauchen mit Schnabelknappen und Schnarchen hören, und sie ruft kreischend und langgezogen „chrrrüüüh" oder „chrrüiii".

Die Schleiereule zählt zu den wenigen Vögeln, die das ganze Jahr über brüten. Zeitpunkt und Häufigkeit der Bruten hängen von der Fülle des Nahrungsangebotes ab. Gewöhnlich beginnt die Schleiereule im Februar/März mit der *Balz*. Ein Nest baut sie nicht. Die 4 bis 6 weißen Eier legt sie im April/Mai auf den nackten Boden ihres Verstecks, manchmal in einen Kranz zerfallener *Gewölle*. Das Weibchen brütet 30 bis 34 Tage allein, und das Männchen versorgt es in dieser Zeit mit Nahrung. Beide Altvögel füttern die Jungen während der 8 bis 9 Wochen dauernden Nestlingszeit.

Im Normalfall findet eine Jahresbrut statt.

Als *Standvogel* bleibt die Schleiereule in der Regel im Winter im engeren Brutgebiet, dagegen müssen die Jungen auf der Suche nach eigenen Revieren mitunter weit umherstreifen.

Waldkauz Strix aluco

Bei der in unserem Gebiet häufigsten Eule, dem dunkeläugigen, etwa 40 cm großen Waldkauz, gibt es rostbraune und graue Tiere, aber auch solche, deren Federkleid zwischen diesen Farben liegende Abstufungen aufweist. Die im Gegensatz zur Körperoberseite hellere Unterseite des Waldkauzes zeigt eine dunkle Längsfleckung mit feiner Querzeichnung; er hat einen dicken Kopf ohne Federohren und einen kreisrunden Schleier. Im Aussehen gleichen sich die Geschlechter. Das Jugendkleid ist bräunlich oder grau mit Querbänderung und ähnelt schon dem Kleid der Altvögel.

Der Waldkauz, hauptsächlich nachtaktiv, bewohnt lichte Wälder, Parkanlagen, große Gärten mit alten Bäumen und ist auch in menschlichen Siedlungen, in Hausruinen, sogar auf den Dachböden bewohnter Gebäude heimisch geworden. Ursprünglich lebte und auch heute noch lebt er vorwiegend in Wäldern.

Die Hauptnahrung des Waldkauzes besteht aus Mäusen und anderen Kleinsäugern, auch kleine Vögel, Frösche, Fische, größere Insekten, Schnecken und Würmer werden erbeutet. Im *Gewölle* kann man neben Haaren, Federn und Knochen mitunter Halme, dürre Blätter, Ästchen und Nadeln von Bäumen finden.

Im Winter, den er in seinem Brutgebiet verbringt, in dem er mitunter aber auch weiter umherstreift, hört man ihn selten rufen. Ab Februar aber macht er durch sein tiefes, wohltönendes „Hu hu huuuuuh", dem nach einer Pause ein langanhaltendes „Huh u u u uh" folgt, auf sich aufmerksam. Auch ein gellendes „Kjuick" oder „Kuwitt" läßt er neben lautem Flügelklatschen und Schnabelknappen hören.

Der Waldkauz baut kein Nest, er nistet vorwiegend in Baumhöhlen, in Löchern von alten Gemäuern, in Turmluken und auf Dachböden. Nistmaterial trägt er nicht ein. Aufgehängte, genügend große Nistkästen werden stets angenommen. Ab März liegen meist 3 bis 4 weiße Eier in der Bruthöhle. Das Weibchen brütet das Gelege in 28 bis 30 Tagen allein aus und wird während dieser Zeit vom Männchen mit Nahrung versorgt. Nach 4 bis 5 Wochen verlassen die Jungen die Bruthöhle und werden noch einige Zeit von den Altvögeln gefüttert.

Der Waldkauz brütet einmal im Jahr.

Der Waldkauz ist ein recht wehrhafter Vogel, und er kann dem Menschen, insbesondere wenn er sich seiner Nisthöhle nähert, gefährlich werden. Im Umgang mit ihm ist deshalb Vorsicht geboten.

Als *Standvogel* bleibt der Waldkauz auch im strengen Winter im Brutgebiet, und nur die Jungen streichen auf der Suche nach eigenen Revieren oft weit umher.

Steinkauz   Athene noctua

Den Steinkauz kann man mit etwas Glück und Geduld in der Abenddämmerung im offenen Gelände mit Feldgehölzen und alten Obstbäumen bei der Jagd beobachten.

Er zeigt auf der Oberseite eine graubraune Färbung und eine weißliche Tropfenzeichnung, auf der helleren Unterseite eine dunkle Längsstreifung. Männchen und Weibchen sehen gleich aus. Das Jugendkleid ähnelt dem Alterskleid.

Auffallend an diesem ruf- und bewegungsfreudigen, etwa 23 cm großen Käuzchen ist der flache Kopf mit den schwefelgelben Augen. Er verändert, wie alle Eulen, in verblüffender Weise schnell seine Gestalt, indem er den Hals reckt und den Körper aufrichtet oder sich duckt, die Federn sträubt oder anlegt. Sein Knicksen und die possierlichen Bücklinge sind wohl ein Zeichen von Erregung.

Er sitzt gern auf Pfählen, Zaunpfosten oder sonstigen erhöhten Warten seines Gebietes. Alte Obstbäume, Kopfweiden, auch hohle Stämme anderer Baumarten werden als Unterschlupf oder Brutstätte genutzt. In Dörfern oder in ihrer Nähe haust er im Mauerwerk von Ruinen, verlassenen Gehöften und in abgelegenen Scheunen und Schuppen.

Von seiner Warte aus stößt er auf seine Beute, vorwiegend Mäuse, oder er ergreift sie im niedrigen Suchflug. Auch Insekten, hauptsächlich Käfer, sowie Regenwürmer gehören zu seiner Nahrung.

Von seinen Rufen, die ab März, wenn die Balz beginnt, häufig zu hören sind, ist das „Kiwitt" am bekanntesten, aber auch ein aufgeregt bellendes „Kiff kiff" oder „Käff käff" stößt er aus. Der Lockruf ist ein sanftes „Ghuuk".

Er nistet in Baumhöhlen und Mauernischen ohne jede Unterlage, baut also kein Nest. Die 4 bis 5 weißen Eier liegen Ende April, meist aber Anfang Mai in der Bruthöhle. Sie werden vom Weibchen allein in 28 bis 29 Tagen ausgebrütet. Beide Eltern füttern die Jungen, die nach etwa 4 Wochen die Nisthöhle verlassen.

Es findet eine Jahresbrut statt.

Der Steinkauz ist ein *Standvogel*, der jedoch in schneereichen Wintern weit umherstreichen muß, um genügend Futter zu finden. Dennoch erleidet seine Art in strengen Wintern große Verluste. Auch die „Säuberung" unserer Landschaft von hohlen Bäumen und die Beseitigung alter Scheunen führt zu einem Rückgang dieser schönen Vögel, die bei uns selten geworden sind.

Waldohreule Asio otus

Wie die meisten Eulen ist die etwa 36 cm große Waldohreule wegen ihrer nächtlichen Lebensweise schwer zu beobachten. Tagsüber hält sie sich gut getarnt im dichten Geäst, meist in Stammnähe, verborgen auf. Bei diesen mittelgroßen, gelbbraunen, mit dunklen Strichen gezeichneten Eulen mit den orangefarbenen, starr nach vorn gerichteten Augen, den auffallenden Federohren, den langen Flügeln und dem leicht gerundeten Schwanz sind beide Geschlechter gleich gefärbt. Das Jugendkleid ähnelt dem Alterskleid.

Die Waldohreule ist überwiegend in Nadelwäldern mit Lichtungen, in Feldgehölzen, Parkanlagen und auf alten Friedhöfen anzutreffen. Hier ernährt sie sich, wie *Gewöll*untersuchungen ergaben, fast ausschließlich von Feldmäusen. In mäusearmen Jahren schlägt sie auch Spatzen und sonstige Kleintiere.

Außerhalb der *Balz*- und Brutzeit ist die Waldohreule recht still. Zur Balzzeit läßt das Männchen ein dumpfes „Hu hu" und auch fast pfeifende Laute hören. Bei ihren Balzflügen schlägt die Waldohreule die Flügel mit hörbarem Klatschen unter dem Körper zusammen. Warnrufe klingen wie „wüpp wüpp". Die Jungen betteln mit hohem Piepen.

Ein eigenes Nest wird nicht gebaut. Mit Vorliebe nistet die Waldohreule in verlassenen Nestern von Krähen und Tauben. Gelegentlich auch in verlassenen Sperber- oder Reiherhorsten. Die 4 bis 6 weißen Eier liegen im April darin. Nach einer Brutdauer von 27 bis 28 Tagen schlüpfen die Jungen. Die Nestlingszeit beträgt 23 bis 24 Tage.

In Jahren, in denen es viele Mäuse gibt, finden zwei Bruten statt, normalerweise nur eine.

Die Waldohreule ist, je nachdem, wo ihre Brutheimat liegt, und nach dem Nahrungsangebot *Stand-*, *Strich-* und *Zugvogel*. Wenn nicht zu lange Schneeperioden sie zwingen, ihr Brutgebiet zu verlassen, bleibt sie ihrem Standort treu, andernfalls streift sie in kleinen Trupps umher. In der kalten Jahreszeit fliegen aus den nördlichen und nordöstlichen Verbreitungsgebieten zahlreiche Waldohreulen als *Wintergäste* bei uns ein. Und da ist es dann auch möglich, sie bei Tage im Geäst eines Baumes, dicht an den Stamm gedrückt, zu beobachten.

Die Gewöllballen können in Kiefern- und Fichtenwäldern gefunden werden, besonders dort, wo ein Eulentrupp seine Ruheplätze hatte.

Sumpfohreule   Asio flammeus

Die Sumpfohreule, etwa 38 cm groß, wird als Brutvogel in Mitteleuropa immer seltener. Das Urbarmachen von Mooren und Feuchtgebieten drängt diesen an unkultiviertes Gelände gebundenen Vogel stark zurück, und er nistet bei uns nur noch vereinzelt in feuchten Wiesengeländen, in Brüchen, Luchgebieten und einsamen Mooren, wo ihm Schilf, Rohr und geringes Buschwerk ausreichende Deckung bieten.

Wie die Waldohreule hat die Sumpfohreule Federohren, die aber wenig ausgeprägt und meist gar nicht oder nur als Zipfelchen zu sehen sind. Als besondere Merkmale seien hier die schwefelgelbe Regenbogenhaut des Auges (Iris) und die dunkle Augenumrandung genannt, die sie von der Waldohreule unterscheiden. Die Oberseite weist allgemein eine rostgelbe oder gelbbraune Färbung auf, dunkel gemustert und ohne Quersprenkelung. Die hellere, blaßgelbe bis weißliche Unterseite ist mit dunkelbraunen Längsstrichen ohne Querbänderung gezeichnet. Männchen und Weibchen gleichen sich in der Gefiederfärbung. Die Jungen ähneln den Altvögeln.

Die Sumpfohreule fliegt auch am Tage; geräuschlos und weich schlagen ihre Schwingen, schaukelnd schwenkt und schwebt sie niedrig über das Moor, gleitet und rudert über ihr Jagdgebiet. Meist aber sitzt sie tagsüber am Boden zwischen Gras und Schilf versteckt. Ihre Nahrung besteht hauptsächlich aus Feldmäusen und anderen Kleinsäugern. Bei Mäusemangel werden Vögel und Insekten gefangen.

Zur *Balz*zeit im März/April, nach der Rückkehr aus ihrem Winterquartier, kreist diese Tageule wie ein Bussard im Schwebeflug, läßt sich flügelklatschend im Sturzflug fallen, fängt sich und beginnt wieder aufsteigend das Spiel von neuem. Hierbei sind schnell wiederholt „bu bu bu"- oder „wud wud wud"-Rufreihen zu hören. Gewöhnlich stößt sie auch ein bellendes „Käw käw" oder „Wauk wauk" aus. Die Nestjungen betteln mit Schnarchtönen.

Als einzige der mitteleuropäischen Eulen baut die Sumpfohreule in der Regel ein Bodennest aus trockenen Halmen, gut verborgen zwischen Binsen, in Rohr und Schilf. Die Eiablage findet gewöhnlich im April statt. Die 4 bis 7 weißen Eier werden vom Weibchen 26 bis 27 Tage bebrütet. Die Nestlingszeit dauert 17 Tage, flugfähig sind die Jungen aber erst mit etwa 5 Wochen.

Es findet in der Regel eine Jahresbrut statt. Als *Zugvögel* überwintern viele Sumpfohreulen in den Mittelmeerländern und weiter südlich. Die bei uns in der kalten Jahreszeit anzutreffenden Vögel sind meist nordische *Wintergäste*. Zur Zugzeit im September/Oktober kann man mitunter kleinere Gesellschaften von ihnen auf Kartoffelfeldern und in Rübenschlägen beobachten.

Ziegenmelker oder Nachtschwalbe
Caprimulgus europaeus

Mit einer Größe von etwa 27 cm hat der Ziegenmelker reichlich Drosselgröße. Flügel und Schwanz sind lang. Das weiche, rindenfarbene Gefieder ist fein und dicht dunkelbraun und rostgelb gesprenkelt und unterseits eng quergebändert. Der große, abgeflachte Kopf mit dem sehr kleinen Schnabel und einer bis unter das Auge reichenden Schnabelspalte trägt am Oberkiefer steife Borsten. Die Lider der großen Augen sind rot. Das Männchen unterscheidet sich vom Weibchen durch weiße Flecke im Enddrittel der drei äußeren Handschwingen sowie durch weiße Schwanzecken. Das düsterer gefärbte Weibchen hat kleinere und rostgelbliche Flecken. Den Jungen fehlen die bezeichnenden Flecken ganz, sonst aber ähneln sie dem Weibchen, besitzen jedoch auffällig kürzere Schwänze.

Der Flug des Ziegenmelkers ist fast geräuschlos, das Flugbild falkenartig. Als Dämmerungs- und Nachtvogel sitzt er tagsüber meist mit halbgeschlossenen Lidern längs auf dicken, horizontalen Ästen oder auf dem Boden, wo er durch seine Färbung gut getarnt mit seiner Umgebung verschmilzt. Er bevorzugt trockene Kiefernheidewälder, heidekrautbewachsene Blößen und Kahlschläge, breite Waldwege und Schneisen. Nach Sonnenuntergang wird man auf den Ziegenmelker zuerst durch den eigenartigen „Gesang", im Sitzen von einem Baum aus (Singwarte) vorgetragen, aufmerksam. Es sind schnurrende Strophen in wechselnder Höhe wie „errrrr örrr errrrr örrrrr", die 5 Minuten und länger pausenlos anhalten können.

Der Flugruf ist ein „Gu ek" oder „Kruit kruit". Beim Auffliegen ist ein „Dak dak" und zur *Balz* häufiges Flügelklatschen zu hören. Von eigenartiger Schönheit sind bei der Balz die Schaukelflüge des Männchens gegen die erlöschenden Farben des Abendhimmels.

Bei der nächtlichen Flugjagd werden Käfer, Nachtschmetterlinge aller Art, Libellen, Schnaken sowie Eintags- und Köcherfliegen erbeutet.

Ein Nest baut der Ziegenmelker nicht. Die zwei länglich-ovalen Eier werden auf die mit dürren Kiefernnadeln bedeckte Erde ohne jede Unterlage gelegt, ihre Farbe ist ein Weißgrau mit violettgrauen Flecken. Die Brutdauer beträgt 18 bis 20 Tage, Männchen und Weibchen wechseln sich beim Brüten ab; beide Eltern beteiligen sich an der Jungenaufzucht. Junge Ziegenmelker sind Platzhocker, die den Brutplatz nach etwa 15 Tagen verlassen. Flugfähig werden sie mit 17 bis 19, selbständig mit 30 bis 35 Tagen. Gelegentlich finden zwei Jahresbruten statt. Als *Zugvogel* erscheint der Ziegenmelker Ende April/Anfang Mai im Brutgebiet, das er bereits im August/Anfang September wieder verläßt. Bis Ende September ziehen bei uns die Ziegenmelker aus dem nördlichen Europa in ziemlich großer Menge durch (Herbstdurchzug). Die Winterquartiere liegen in Ost- und Südafrika.

Blauracke Coracias garrulus

Die Blauracke, etwa 32 cm groß, kann man mit keinem anderen bei uns brütenden Vogel verwechseln. Kopf, Nacken und Unterseite leuchten blaugrünlich, Rücken und Schultern hellrotbraun. Im Fluge fällt das schöne Blau der dunkelgerandeten Flügel besonders auf. Männchen und Weibchen sind gleich gefärbt. Das Jugendkleid zeigt am Kopf, Nacken und an der Unterseite mehr oder weniger eine bräunlichgrüne Färbung.

Bei uns brütende Blauracken bevorzugen als Lebensraum Waldränder, Waldgehölze im Wechsel mit Wiesen und Ackerflächen, lockere Kiefernbestände und Baumreihen in der offenen Landschaft.

In ihrem Jagdverhalten erinnert die Blauracke an die Würger (siehe Seiten 100 und 102). Von trockenen Baumästen oder Telefondrähten (Warten) aus stürzt sie sich auf vorbeifliegende Insekten aller Art, liest aber auch Käfer, Heuschrecken, Raupen und Würmer vom Boden auf. Größere Beutetiere wie Mäuse, Eidechsen und Frösche verschmäht sie nicht.

Ihr Ruf „krrrack krrrack" oder „rackerrrack" klingt elsternartig. Gelockt wird mit hellem „Rä rä rä", wobei das Männchen in gaukelnden *Balz*flügen aus beträchtlicher Höhe herabstürzt, sich überschlägt und spielerisch hin und her flattert.

Als *Zugvogel* kehrt die Blauracke Anfang Mai aus dem Winterquartier im tropischen oder südlichen Afrika ins Brutgebiet zurück und verläßt es bereits im August. Ihr ehemals geschlossenes Vorkommen in unserm Gebiet, besonders östlich der Elbe, löst sich immer mehr auf; die Zahl der Brutpaare geht ständig zurück. So nisteten im Gebiet der DDR 1961 noch etwa 100 bis 140 Brutpaare, 1976 wurden nur noch 20 bis 27 Brutpaare gezählt. Nach letzten Meldungen (1987) konnte man nur noch 5 Brutpaare feststellen. Die Blauracke braucht als Höhlenbrüter alte Bäume, besonders Eichen und Kiefern, sie nimmt aber auch künstliche Nisthöhlen an, und wir sollten bemüht sein, überall für ihren Schutz einzutreten, ihr die Brutbäume erhalten, die Nahrungsgrundlage sichern und sie vor Beunruhigung und Nachstellung schützen.

Das Nest in verlassenen Spechthöhlen oder in Nistkästen besteht meist nur aus lockeren Schichten von Holzmull und einigen Hälmchen. Ab Mitte Mai liegen auf dieser Unterlage 4 bis 5 reinweiße Eier. Die Brutdauer beträgt 18 bis 19 Tage, die Nestlingszeit etwa 4 Wochen.

Es findet nur eine Jahresbrut statt.

Wiedehopf   Upupa epops

Auf einen der schönsten Vertreter der europäischen Vogelwelt, den 28 cm großen Wiedehopf, wird man im Frühling zuerst durch seinen charakteristischen Ruf „Huppupup" aufmerksam. In Gestalt und Färbung ist er unverwechselbar. Besonders fällt der lange, leicht gebogene Schnabel und die aufrichtbare, große Kopfhaube aus rötlichbraunen Federn mit schwarzen Spitzen auf. Kopf, Hals, Vorderrücken und Brust leuchten orange- bis rötlichbraun, die Unterseite weiß. Flügel und Schwanz zeigen eine schwarz-weiße Bänderung. Das Weibchen gleicht in der Färbung dem Männchen. Das Jugendkleid ähnelt dem Kleid der Altvögel, nur haben Jungvögel einen kürzeren Schnabel. Der Flug der Wiedehopfe ist ungleichmäßig, schaukelnd, auf einige langsame Flügelschläge folgen mehrere schnelle.

Außer dem eintönigen „Huppupup" sind rauhe „chärr"- oder „schwär-schär"-Töne zu hören.

Früher war der Wiedehopf in unserm Gebiet zwar nicht gerade häufig, aber er war doch da. In den letzten Jahren nahm jedoch der Bestand aus noch nicht vollständig geklärten Gründen stark ab. Das Abholzen alter Baumbestände, in denen es auch hohle Bäume gibt, die diese Vögel gern zum Nisten nutzen, und der Mangel an ihnen zusagender Nahrung sind sicher Ursachen, die am Rückgang der Wiedehopfe beteiligt sind.

In Mitteleuropa bevorzugt dieser bunte Geselle als Lebensraum offenes Gelände, wenn nur genügend hohe Bäume und Wiesenland vorhanden sind. Er ist auch in Obstplantagen, Feldgehölzen, Kopfweidenbeständen und im Süden in Weinbergen anzutreffen. Nahrungsuchend trippelt er, ähnlich wie ein Star, kopfnickend auf dem Boden umher und stellt bei Erregung seine Haube auf. Zu seiner Nahrung gehören unter anderem Insekten und deren Larven, Regenwürmer, Grillen, Heuschrecken und Maikäfer. Mitunter werden auf den Viehweiden die Kuhfladen eifrig nach Larven durchstochert.

Das Nest des Wiedehopfes, eines Höhlenbrüters, liegt meist in Baumhöhlen, unter Steinhaufen und in Nistkästen. Nistmaterial wird nur selten eingetragen. Ab Mitte Mai sitzt das Weibchen 16 Tage auf den 5 bis 7 weißgrünlichgrauen bis bräunlichgrauen Eiern, und das Männchen versorgt es während dieser Zeit mit Nahrung.

Die Jungen werden von beiden Eltern reichlich 3 Wochen im Nest betreut und etwa 3 bis 5 Tage außerhalb des Nestes gefüttert.

Es findet gewöhnlich eine Brut im Jahre statt, manchmal brüten Wiedehopfe auch zweimal.

Als *Zugvogel* überwintert der Wiedehopf im tropischen Afrika. Im April kehrt er ins Brutgebiet zurück, das er im September wieder verläßt.

Kleinspecht   Dendrocopos minor

Der kaum sperlinggroße Kleinspecht, der kleinste Specht unseres Gebietes, ist nirgends häufig und stellenweise sogar selten. Durch seine Kleinheit und verborgene Lebensweise in den oberen Baumregionen wird er meist übersehen und bleibt vielen unbekannt. Dem Kenner jedoch sind die hell klingenden, schnellen „kikikiki"-Rufe ein untrügliches Zeichen seiner Anwesenheit und fast zu jeder Jahreszeit, besonders aber im Frühjahr zu hören.

Kleinspechte leben in halboffenen Landschaften der Ebene mit Feldgehölzen, Parkanlagen und größeren Obstgärten. Man trifft auf sie auch in lichten Au- und Mischwäldern sowie auf Alleebäumen in der Stadt.

Vom Buntspecht unterscheidet er sich vor allem in der Größe, Buntspechte sind etwa drosselgroß, und durch das Fehlen der Rotfärbung auf der Unterseite. Der Kleinspecht hat einen eng schwarzweiß quergebänderten Rücken, das Männchen einen roten, das Weibchen einen bräunlichweißen Scheitel. Die Jungen ähneln dem Weibchen.

Die Nahrung der Kleinspechte besteht, abhängig vom jahreszeitlichen Angebot des jeweiligen Lebensraumes, aus Spinnen und Insekten aller Stadien, die überwiegend von den Ästen und Zweigen abgesucht werden. Im Winter fressen sie auch ölhaltige Samen.

Zur *Balz* dieser Vögel im zeitigen Frühjahr gehört neben der „kikikiki"-Rufreihe das Trommeln beider Partner bis in den Sommer hinein. Genistet wird in Bäumen mit möglichst weichem Holz wie Birke, Pappel und Weide sowie in morschen, abgestorbenen Ästen alter Obstbäume. Das Einflugloch legen Kleinspechte sehr unterschiedlich hoch an, meist 3 bis 6 m über dem Erdboden, manchmal auch höher.

In der von beiden Partnern gezimmerten Bruthöhle liegen auf Holzmulm ab Ende April bis Anfang Mai 5 bis 6 weiße Eier, die abwechselnd von Weibchen und Männchen etwa 14 Tage bebrütet werden. Die Nestlingszeit beträgt 18 Tage, und nach kurzer Betreuung durch die Eltern außerhalb der Bruthöhle streifen die flüggen Kleinspechte auf eigene Faust durch nestferne Gebiete. Es findet eine Jahresbrut statt.

Während sich der Kleinspecht im Sommer vorwiegend in den Kronen der Laubbäume aufhält, kann er während der Herbst- und Wintermonate in Gesellschaft von Meisen auch in Kiefernwäldern beobachtet werden.

Wendehals Jynx torquilla

Der reichlich sperlinggroße Wendehals ist in unserem Gebiet ein Brutvogel, der nirgends häufig, stellenweise nur sehr selten vorkommt. Sein rindenfarbenes Gefieder ist oberseits grau, braun und rostgelb gewellt und gepunktet, die Unterseite rahmgelblich, an Kehle und Unterhals dunkel quergewellt. Vom Hinterkopf zum Rücken zieht sich ein dunkler Streifen hin. Der Schwanz weist eine feine Sprenklung und dunkle Querbänderung auf. In der Färbung gleichen sich Männchen und Weibchen. Das Jugendkleid unterscheidet sich nur wenig vom Alterskleid, es wirkt grauer und die Zeichnung verwaschener.

Sein Name entspricht den eigenartigen Kopfbewegungen, die der Vogel bei Gefahr und Erregung ausführt: Er wendet und dreht den Hals schlangenartig. Bei dieser Drehung fällt der dunkle Hinterkopfstreifen auf.

Der Wendehals gehört in die Familie der Spechtvögel, hat aber, oberflächlich betrachtet, mit diesen wenig Ähnlichkeit, er bildet eine besondere Unterfamilie. Im Gegensatz zu den echten Spechten mit ihren hartfedrigen Stützschwänzchen ist der Schwanz des Wendehalses weich, lang und abgerundet. Die Zehenhaltung erinnert an die Spechte, denn wie bei diesen stehen auch bei ihm zwei Zehen nach vorn und zwei nach hinten.

Seine Nahrung besteht überwiegend aus verschiedenen Ameisenarten, deren Puppen und anderen Insekten, die er mit seiner langen klebrigen Zunge am Boden und im Geäst von Bäumen und Sträuchern erbeutet.

Auf den Wendehals wird man erst aufmerksam, wenn er im Frühling seine *Balz*rufreihen in wechselnder Lautstärke hören läßt. Dieses eintönige „Gedgedgedgedged" oder auch ein „Gigigigi" ist von beiden Geschlechtern zu hören.

Lichte Laub- und Mischwälder, größere Obstgärten, Parkanlagen und alte Friedhöfe bilden meist seinen Lebensraum. Er fehlt aber auch nicht in Kiefernwäldern, besonders wenn sich an den Waldrändern gute Brutmöglichkeiten bieten.

Der Wendehals nistet in natürlich entstandenen Baumhöhlen. Bei Mangel an alten Bäumen nutzt er auch Star- und Meisenkästen. Dann vernichtet er oftmals Gelege oder Brut anderer Höhlenbrüter. Seine 7 bis 10 weißen Eier liegen in der Regel Ende Mai ohne Unterlage auf dem Boden der Nisthöhle. Die Brutdauer beträgt 13 bis 14 Tage. Das Brüten sowie das Heranschaffen des Futters für die Jungen besorgen beide Partner. Nach durchschnittlich 21 Tagen verlassen die Jungen ihre Bruthöhle und werden noch einige Zeit im engeren Umkreis des Brutgebietes von den Eltern weitergefüttert. Nach weiteren 10 bis 14 Tagen löst sich die Familie auf.

Meist findet eine Brut statt.

Der Wendehals ist ein *Zugvogel*, der bei uns Mitte April ins Brutgebiet zurückkehrt und es Ende August bis Mitte September wieder verläßt. Seine Überwinterungsgebiete liegen im tropischen Afrika.

Baumpieper   Anthus trivialis

Von den in Mitteleuropa lebenden Pieperarten kommt der Baumpieper in unserer Heimat am häufigsten vor. Er ist knapp sperlinggroß, aber schlanker als Sperlinge. Sein Gefieder, oberseits zart gelblichbraungrau, schwärzlich gestreift, ist unterseits gelblichrahmfarben, und Brust und Flanken weisen eine Streifung auf. Baumpieper haben einen gelblichen Augenstreif, weiße äußere Steuerfedern, rötliche Beine und eine verhältnismäßig kurze, stärker als bei anderen Pieperarten gekrümmte Kralle der Hinterzehe. Männchen und Weibchen sind gleich gefärbt.

Das Jugendkleid der Baumpieper ähnelt dem Kleid der Altvögel, nur oberseits ist es stärker gestreift.

In unserem Gebiet trifft man den Baumpieper an Rändern lichter Wälder, auf Waldblößen, in lockerer Kiefernheide, Schonungen und auf Lichtungen an. Er hält sich vorwiegend am Boden auf. Hier steht auch sein Nest, und hier sucht er den Hauptteil seiner Nahrung, die aus kleineren Insekten und deren Larven besteht.

Er lockt mit einem etwas heiser klingenden „Psieh". Bei Gefahr warnt er mit wiederholtem „Sib sib sib". Der wohltönende *Balz*gesang besteht aus langen Trillern, die mit einem klagenden, gedehnten „Zia zia zia" enden. Von einer erhöhten Warte flattert der Vogel im kurzen Balzflug schräg in die Höhe, beginnt vor dem Wendepunkt mit seinem Lied und schwebt singend zum Ausgangspunkt seines Fluges (oder zu einer anderen Warte) im Gleitflug mit ausgebreiteten Flügeln, hochgestelltem Schwanz und hängenden Beinen herab.

Das in einer kleinen Bodenvertiefung unter Grasbüscheln, Farnen, Heidekraut und Heidelbeerbüschen gut versteckte Nest besteht aus Halmen, Blättern und Moos, das die Baumpieper mit Haaren auslegen. Die 5 bis 6 verschieden gefärbten, meist aber grauweißen, braungefleckten Eier liegen ab Anfang Mai im Nest. Nur das Weibchen brütet. Die Brutdauer beträgt 13 bis 14 Tage. Beide Eltern versorgen die Jungen mit Nahrung, die, wie alle Bodenbrüter noch flugunfähig, meist nach etwa 12 Tagen das Nest verlassen.

Es findet eine Jahresbrut statt.

Als *Zugvogel* kehrt der Baumpieper ab Mitte April aus den Winterquartieren im Mittelmeergebiet, teilweise auch im tropischen Afrika, ins Brutgebiet zurück, das er im September verläßt. In Nordeuropa brütende Baumpieper ziehen bei uns durch.

Wiesenpieper Anthus pratensis

Es ist schwierig, den 15 cm großen Wiesenpieper vom Baumpieper (siehe Seite 92) zu unterscheiden. Diese beiden Vogelarten sehen sehr ähnlich aus. Aber da sich der Wiesenpieper in einem anderen Lebensraum aufhält und er sich auch in seinen Lautäußerungen vom Baumpieper unterscheidet, kann man ihn dennoch gut bestimmen. Der Wiesenpieper meidet den Wald und sucht zur Brutzeit feuchte Wiesen auf. Man sieht ihn auch auf Viehweiden, in Mooren und Bruchlandschaften der Ebene sowie auf Quellwiesen der Mittelgebirge. Zur Zugzeit, von März bis Mai und von September bis November, trifft man ihn häufig in größeren Trupps auf Feldern und Wiesen an, wo er aufgescheucht mit heiseren „ist-ist-ist"-Rufen auffliegt. Zur Brutzeit ist das Männchen vom Frühling bis in den Frühsommer über Wiesen bei seinem flach aufwärts steigenden Flug zu sehen, aus dem er sich singend mit gespreizten Flügeln herabschweben läßt. Sein baumpieperähnlicher, aber nicht so melodischer Gesang beginnt mit einem dünnen Pfeifen und endet meist mit einem kurzen Triller.

Der Wiesenpieper, bei uns gebietsweise noch ein häufiger Brutvogel, hat ein lerchenfarbenes Gefieder mit oberseits graugrünlicher bis olivbrauner, dunkler Zeichnung und eine weißliche, dunkel längsgefleckte Unterseite. Die äußeren Schwanzfedern sind weiß, die Beine bräunlich mit langer Hinterzehkralle. Männchen und Weibchen gleichen sich. Das Jugendkleid ähnelt dem Kleid der Altvögel.

Kleine Schnecken, Spinnen und Insekten aller Art, die in den feuchten Wiesen reichlich vorhanden sind, bilden seine Nahrung. Bei der Suche trippelt er gewandt in waagerechter Haltung mit etwas eingezogenem Kopf zwischen den Halmen und Stauden umher.

Das in einer kleinen Bodenvertiefung wohlversteckte Nest, locker aus Grashalmen, Seggen, Würzelchen und Moos gebaut, legen die Wiesenpieper mit Tierhaaren aus. Ab Mai liegen 4 bis 5 grauweißliche oder bräunliche, mit dunklen Flecken dicht bedeckte Eier im Nest, die das Weibchen in 13 bis 14 Tagen ausbrütet. Die Jungen verlassen das Nest noch nicht flugfähig nach 12 bis 14 Tagen und werden noch einige Zeit von den Altvögeln betreut.

Gewöhnlich brüten Wiesenpieper zweimal im Jahr.

Wiesenpieper sind überwiegend *Zugvögel*, die teils in Mittel- und Westeuropa, teils im Mittelmeergebiet überwintern. Bei uns brütende Vögel kehren im März zurück und verlassen ihre Brutheimat im September.

Schafstelze   Motacilla flava

Vorwiegend auf feuchten Wiesen, tiefgelegenen Feldern, an Teichrändern und auf Weidegelände jeglicher Art kann man die etwa 16 cm große Schafstelze beobachten. Auf diese Lebensräume beziehen sich auch die Namen, die man ihr gegeben hat: Kuhstelze, Viehstelze und Wiesenstelze. Sie ist in mehreren Rassen über Europa, Asien und Nordwestafrika verbreitet und bei uns nirgends selten.

Die Schafstelze, kleiner und kurzschwänziger als die Gebirgsstelze (siehe Seite 98), hat einen olivgrünen Rücken. Das Männchen zeigt im *Brutkleid* (Hochzeitskleid) unterseits eine leuchtend dottergelbe Färbung, der Kopf ist grau mit etwas dunkleren Ohrdecken und weißem Augenstreif. Die Farben des Weibchens sind matter. Den Jungen in ihrem gelbbräunlichen Jugendkleid fehlt noch die sattgelbe Unterseite der Altvögel, und sie haben einen schwarzbraun gefleckten Kropf.

Alle Stelzen wippen beim Laufen mit dem Schwanz und fliegen in langen Wellenlinien.

Mit zierlichen Schritten trippelt dieser wenig scheue Vogel auf Wiesen, Weiden und Feldern herum und liest Insekten sowie kleinere Würmer und Schnecken auf, erbeutet aber auch im Flug Fliegen und Bremsen.

Den Lockton, ein kräftiges „Psieb" oder „Ssrieh", läßt die Schafstelze gleich nach ihrer Ankunft in der Brutheimat im Frühjahr hören. Der seltene und anspruchslose Gesang ist ein Zwitschern mit reichlich eingeflochtenen Locktönen.

Das aus Halmen und Würzelchen locker geflochtene Nest, innen mit Tierhaaren und feinen Hälmchen ausgepolstert, liegt häufig in einer Bodenvertiefung unter einem Grasbüschel, im Getreidefeld, in einem Kleeschlag, an Böschungen, Feldrainen und Eisenbahndämmen. Das Gelege besteht aus 4 bis 6 gelblichweißen, dicht graubraun gefleckten Eiern und wird vom Weibchen allein 13 bis 14 Tage bebrütet. Beide Eltern füttern die Jungen, die nach etwa 12 Tagen das Nest verlassen.

Im allgemeinen findet nur eine Jahresbrut statt.

Als *Zugvogel* trifft die Schafstelze meist im April aus ihrem Winterquartier, dem tropischen und südlichen Afrika, im Brutgebiet ein, das sie im August/September wieder verläßt.

Bis zu ihrem Abflug übernachten die Schafstelzen im Spätsommer scharenweise im Schilf der Seen und Teiche. Überwintert bei uns einmal eine gelbe Stelze, dann ist es immer die Gebirgsstelze.

Gebirgsstelze   Motacilla cinerea

In früheren Zeiten lebte diese knapp 18 cm große Stelze bei uns an klaren und raschfließenden Bergbächen in höher gelegenen Gebieten. Seit etwa einem Jahrhundert trifft man sie auch in der Ebene. Sie besiedelte hier zuerst Gebiete, in denen das Wasser schnell dahinfließt. In den vergangenen Jahrzehnten hat die Gebirgsstelze jedoch ihr Brutgebiet noch weiter verändert und ist heute auch an trägfließenden Flüssen anzutreffen.

Im Unterschied zur Schafstelze mit ihrem olivgrünen Rücken weist der Rücken der Gebirgsstelze eine Graufärbung auf. Beide Arten haben im Alterskleid leuchtend gelbe Unterseiten. Im *Brutkleid* besitzt das Männchen der Gebirgsstelze eine schwarze, das Weibchen eine weißliche Kehle. Auffallend ist bei dieser Art der besonders lange Schwanz mit weißen, äußeren Steuerfedern. Im *Ruhekleid* ähneln sich Männchen und Weibchen. Die Jungen wirken oberseits graubraun, unterseits mehr gelblichbraun mit gelber Unterschwanzdecke.

Die Gebirgsstelze hält sich ausschließlich in Wassernähe auf. Hier liest sie Insekten und deren Larven vom Boden auf, erbeutet sie aber auch im Fluge über dem Wasser.

Sie lockt mit hartem „Zitt zitt". Am Brutplatz läßt sie oft ein „Zezezeze" hören. Ihr Gesang besteht aus zwitschernden „sri-sri-sri-sri-sri"-Tönen und Trillern und ist mit Locktönen verflochten.

Das aus Laub, Halmen, Reiserchen, Moos und anderem Material zusammengefügte Nest steht in Wassernähe, meist in Halbhöhlen, in stillgelegten Wassermühlen und an Wehren. Ab Anfang April liegen auf weichem Haarpolster 5 bis 6 gelbliche, rötlichbraun gewölkte und dicht gepunktete Eier, die beide Altvögel etwa 12 bis 14 Tage bebrüten. Nach einer etwa gleich langen Nestlingszeit fliegen die Jungen aus. Gebirgsstelzen brüten zweimal im Jahr.

Die Gebirgsstelze überwintert mitunter bei uns. Die meisten Stelzen aber ziehen vor Einbruch der kalten Jahreszeit in die Mittelmeerländer, manche bis nach Ostafrika und treffen im März wieder im Brutgebiet ein, in dem sie sich bis Oktober aufhalten.

Raubwürger   Lanius excubitor

Der etwa drosselgroße Raubwürger ist bei uns als Brutvogel selten, aber da im Winter viele Raubwürger in unser Gebiet einfliegen, kann man in dieser Jahreszeit das Glück haben, den Vogel zu beobachten.

Auffallend ist sein kontrastreiches schwarz-weiß-graues Gefieder, der kräftige, an der Spitze hakige Schnabel und der schwarze Augenstreif. Bis auf einen weißen Schulterfleck zeigt der Raubwürger oberseits eine aschgraue, unterseits eine weiße Färbung. Die Flügel und der lange Schwanz sind schwarz, letzterer ist weiß gesäumt. Die Flügel haben mitunter zwei *Spiegel*. Männchen und Weibchen kann man am Aussehen nicht unterscheiden. Die Oberseite der Jungen ist bräunlichgrau, die Brust und die Körperseiten zeigen Wellenzeichnungen.

An Waldrändern, in Obstanbaugebieten, in Feldgehölzen, auf Lichtungen oder Kahlschlägen mit einzelnen Bäumen, auf denen er Ausschau halten und sein Nest bauen kann, hält sich der Raubwürger auf.

Der Flug des Vogels ist flachbogig. Manchmal steht er wie ein Turmfalke (siehe Seite 48) rüttelnd über seinem Jagdgebiet. Im Winter ernährt er sich ausschließlich von Kleinsäugern und Singvögeln. Im Sommer fängt er auch Frösche, Eidechsen, Heuschrecken, Käfer, Libellen, Schmetterlinge und andere Insekten. Größere Tiere werden meist in Astgabeln geklemmt oder auf Dornen gespießt, um sie besser zerkleinern zu können. Wie die Greifvögel kann der Raubwürger seine Beute dabei jedoch auch mit dem Fuß festhalten.

Sein „trüüi"- oder „drüid"-Ruf ist weithin zu hören. Er schackert mitunter wie eine Elster. Der Gesang ist verhältnismäßig leise, aber die eingeflochtenen „drüüid"-Rufe verraten den Urheber. Er vermag alle möglichen Vogelstimmen klangschön nachzuahmen.

Das flache Nest, ein stabiler Bau aus Stengeln, Halmen und Federn, steht auf Obstbäumen, in dornigen Sträuchern und auf frei stehenden Laub- und Nadelbäumen. Ab Mitte April liegen auf einer Haar- und Federnunterlage meist 5 bis 6 trübweiße, grau und braun gefleckte Eier, die vom Weibchen etwa 15 Tage bebrütet werden. Beide Eltern füttern die Jungen, die *Nesthocker* sind, etwa 20 Tage im Nest und danach noch 2 Wochen außerhalb des Nestes.

Es findet eine Jahresbrut statt.

Der bei uns lebende Raubwürger ist *Standvogel*, der im Winter im Brutgebiet weit umherstreift, und nur, wenn die Nahrung knapp wird in günstigere Gebiete abwandert *(Teilzieher)*.

Schwarzstirnwürger   Lanius minor

In unserer Heimat zeigt sich der etwa 20 cm große Schwarzstirnwürger selten als Brutvogel. In wenigen Paaren kommt er in klimatisch günstigen südlichen Landstrichen vor. Mit dem größeren Raubwürger (siehe Seite 100) hat er hinsichtlich der Färbung bis auf seine schwarze Stirn und die zartrosa überflogene Brust eine gewisse Ähnlichkeit. Das Gefieder der Oberseite weist eine Graufärbung, das der Unterseite eine Weißfärbung auf, Brust und Flanken sind zartrosa getönt. Breit ist die schwarze Stirnzone, die sich schmaler werdend über die Augen bis in die Ohrgegend fortsetzt. Die langen schwarzen Flügel haben einen weißen *Spiegel*, und der schwarze Schwanz hat weiße Kanten. Männchen und Weibchen sehen gleich aus. Das Jugendkleid ist oberseits graubraun, Kopf, Rücken sowie die Flanken sind dunkel quergewellt. Es fehlt den Jungen noch die schwarze Stirn, nur der dunkle Augenstreif zeigt sich bereits, allerdings mehr bräunlich als schwarz.

Im offenen Gelände mit Gebüsch und Baumgruppen, auf baumbestandenen Landstraßen, in größeren Obstgärten und Weinbaugebieten mit einzelnen Bäumen kann man ab Anfang Mai das „Gäg gäg", „Scharräck" oder „Tschäkäkäk" des Schwarzstirnwürgers hören. Der halblaute, zwitschernde Gesang ist ein Geplauder, in das zuweilen Motive aus den Liedern anderer Vögel klangvoll eingeflochten sein können.

Die Nahrung des Schwarzstirnwürgers besteht überwiegend aus Insekten, die auch als Vorrat auf einen Dorn gespießt werden. Selten werden kleine Wirbeltiere erbeutet. Sein Nest, ein fester geflochtener Napf aus Reisern und grünen Pflanzenteilen, innen mit Halmen, Würzelchen, Federn und Tierhaaren ausgelegt, steht gewöhnlich in der Wipfelregion oder hoch am Stamm von Laubbäumen. Ende Mai liegen 5 bis 6 hellgrünliche, mit groben aschgrauen und olivbraunen Flecken versehene Eier im Nest, die von beiden Partnern abwechselnd, überwiegend aber wohl vom Weibchen innerhalb von 15 Tagen ausgebrütet werden. Die Nestlingszeit beträgt etwa 16 Tage. Männchen und Weibchen versorgen die Jungen auch nach dem Verlassen des Nestes noch einige Zeit mit Nahrung.

Es findet eine Jahresbrut statt.

Von den im Frühling ins Brutgebiet zurückkehrenden Vögeln ist der Schwarzstirnwürger einer der letzten. Meist erscheint er erst Anfang Mai und zieht bereits Ende August in südöstlicher Richtung wieder weg, um im tropischen und südlichen Afrika zu überwintern.

Tannenhäher   Nucifraga caryocatactes

Der dunkel schokoladenbraune, mit dichten weißen Tropfenflecken gezeichnete Tannenhäher ist mit seiner Größe von 32 cm knapp taubengroß. Im Gegensatz zum sibirischen Tannenhäher mit dem längeren und dünneren Schnabel, der unregelmäßig als *Wintergast* bei uns erscheint, hat die europäische Form einen dicken Schnabel. Auffallend leuchten die weißen Unterschwanzdecken und der weiße Endsaum des Schwanzes. Männchen und Weibchen sehen gleich aus. Die Jungen zeigen ein helles Braun, sind sparsamer gefleckt und besitzen eine weißliche Kehle.

Der Tannenhäher besiedelt in Mittel- und Südosteuropa die Alpen, den Schwarzwald, die Rhön, den Harz, den Thüringer Wald, das Erzgebirge, die Tatra, die Karpaten, im Norden das südliche Skandinavien und Osteuropa. Dort lebt er in den ausgedehnten Wäldern Polens, der Sowjetunion bis Sibirien; auch in einigen Gebieten Ostasiens kann man ihn antreffen.

Als Lebensraum bevorzugt er geschlossene Nadel- und Mischwälder und ernährt sich von Nadelholzsämereien, Nüssen, Eicheln und Bucheckern. Gelegentlich verzehrt er Insekten, Würmer und auch anderes Kleingetier.

Wie der Eichelhäher legt auch der Tannenhäher versteckte Vorratslager an, und wie der erstere dadurch zur Verbreitung der Eichen beiträgt, hat der Tannenhäher Anteil an der Erhaltung bestimmter Nadelbaumarten.

Der laut rätschende Ruf des Tannenhähers klingt wie „gärr" und „kräck kräck". Aus diesen Tönen setzt sich auch der krächzende, anspruchslose Gesang zusammen.

Tannenhäher nisten meist hoch oben auf Nadelbäumen. Das umfangreiche Nest, vielfach in Stammnähe liegend, bauen beide Altvögel früh im Jahr. Es besteht aus einem Reisigunterbau, auf dem eine Schicht Holzmulm liegt. Hierauf wird die eigentliche tiefe Nestmulde aus trockenen Halmen, Moos und Flechten errichtet. Oft schon Ende März liegen darin die 3 bis 4 grünlichweißen, braun gepunkteten Eier, die abwechselnd vom Weibchen und Männchen ausgebrütet werden; Brutdauer etwa 18 Tage. Beide Eltern füttern die Jungen, die nach etwa 23 bis 25 Tagen das Nest verlassen.

Tannenhäher brüten nur einmal im Jahr.

Als *Stand-* und *Strichvögel* werden Tannenhäher mitunter im Herbst, zur Zeit der Haselnußreife, in Gebieten angetroffen, in denen sie sonst nicht vorkommen. Die Vögel einsamer Hochwälder zeigen wenig Scheu vor dem Menschen und kommen im Winter in die Gebirgsdörfer. Noch auffallender ist die Arglosigkeit der Tannenhäher aus Sibirien, wenn sie auf *Invasions*flügen weit durch Europa streifen. Während der Brutzeit allerdings verhalten sich Tannenhäher still und scheu.

Kolkrabe   Corvus corax

Der etwa bussardgroße Kolkrabe gehört zu den größten Rabenvögeln und ist auch der größte heimische Singvogel. Er hat ein glänzendes, gleichmäßig schwarzes Gefieder. Besonders fallen der große, klobige Schnabel, die zottigen Kehlfedern und der im Flug keilförmige Schwanz auf.

Männchen und Weibchen sehen gleich aus. Das Gefieder der Jungen ist mattschwarz.

Die tiefe Stimme der Kolkraben klingt rauh: „korrk", „krack krack", „kroack" oder auch melodisch „klong".

Bei ihren *Balz*flügen mit Purzelbäumen und wilden Kapriolen zeigen sie sich als perfekte Flugkünstler.

Noch Mitte des vorigen Jahrhunderts kamen Kolkraben bei uns überall vor. Aber durch ständiges Bejagen, Fangen, Vergiften und sinnloses Verwüsten ihrer Horste wurden die in unserem Gebiet lebenden Tiere fast ausgerottet. Nur noch in Schleswig-Holstein und in den Alpen gab es nennenswerte Bestände. So mußte der Kolkrabe auf die Liste der vom Aussterben bedrohten Tiere gesetzt und unter Naturschutz gestellt werden. Heute gibt es in Mecklenburg schon wieder größere Bestände, und auch weiter südlich besiedelten die Tiere ehemalige Brutstätten wieder neu.

Innerhalb des Verbreitungsgebietes kommen Kolkraben in den vielseitigsten Lebensräumen vor: in Tundren, Ebenen, Mittel- und Hochgebirgen. Für die Nahrungsuche ist weites, offenes Gelände erforderlich. Im nördlichen Mitteleuropa horsten sie in urwüchsigen Wäldern auf hohen Bäumen, in den Alpen fast immer hoch auf gedeckten Felsvorsprüngen.

Ihre Nahrung besteht aus Fallwild, Nagetieren, Insekten, Würmern, Eiern, jungen Vögeln sowie Muscheln und angeschwemmten Fischen. Als Allesfresser verschmähen sie auch pflanzliche Nahrung wie Obst und Getreidekörner nicht.

Der stabile Horst wird häufig jahrelang benutzt. Er besteht aus Reisern, Wurzeln und Stengeln, die mit Moos und lehmiger Erde abgedichtet werden. In der mit Halmen und Haaren weich ausgepolsterten tiefen Nestmulde liegen meist schon Ende Februar oder Anfang März 4 bis 6 auf blaugrünlichem Grunde olivbraun gefleckte Eier, die vom Weibchen 20 bis 21 Tage bebrütet werden. Während der Brutdauer wird es vom Männchen mit Nahrung versorgt. Die Jungen bleiben etwa 40 Tage im Horst und sind nach dieser Zeit noch nicht voll flugfähig. Sie werden von beiden Eltern gefüttert.

Kolkraben brüten einmal im Jahr.

Der Kolkrabe ist *Standvogel*. Nach der Aufzucht der Jungen streichen die Vögel im Familienverband auf ihren Nahrungsflügen innerhalb des Brutgebietes umher, und sie können besonders im Winter an Plätzen, die ihnen reichlich Nahrung bieten, in größerer Anzahl beobachtet werden.

Wasseramsel   Cinclus cinclus

An schnell dahinfließenden Gewässern unserer Mittelgebirge trifft man mitunter auf einen etwa starengroßen Vogel, der durch sein ständiges Knicksen auffällt. Dabei zeigt der Vogel seine weiße Kehle und einen weißen Brustlatz, und er trägt seinen Schwanz gestelzt. Wenn er sich dann noch in das strudelnde, schäumende Wasser stürzt und nach etwa einer halben Minute an anderer Stelle wieder zum Vorschein kommt, können wir sicher sein, eine Wasseramsel entdeckt zu haben.

Oberkopf und Nacken der Altvögel sind braun, Rücken, Seiten und Unterschwanzdecken dunkel schiefergrau. An die weiße Brust grenzen rostbraune Federn, die nach dem Bauch zu dunkelbraun werden. Die Jungen unterscheiden sich von den Alten durch ihre weißliche Unterseite mit dunkelgrauen Querstrichen und die schiefergraue Oberseite. Männchen und Weibchen sehen äußerlich einander sehr ähnlich, doch ist im allgemeinen das Weibchen etwas kleiner.

Das Wasser bildet den Lebensraum der Wasseramsel. Sie brütet an Bächen und Flüssen vor allem in Mittel- und Hochgebirgen großer Teile Europas, Nordwestafrikas und Nord- und Mittelasiens. In unserer Heimat finden wir sie noch an klaren, schnellfließenden Bergbächen der Mittelgebirge und im Hügelland. Sie zeigt außerhalb der Brutzeit niemals Drang zu Geselligkeit oder Schwarmbildung wie viele andere Singvögel. Auch ist sie nirgends häufig. Durch die Regulierung und oft auch Verschmutzung vieler Wasserläufe ist die Wasseramsel in vielen Gegenden selten geworden und in ihrem Bestand bedroht.

Bei uns *Standvogel*, weicht sie bei strengem Frost bachabwärts aus. An noch offenen Gewässern findet sie vorübergehend neue Nahrungsgründe. Sie fliegt schnurrend niedrig über dem Wasser und folgt meist jeder Krümmung des Wasserlaufs. Hierbei hört man ihr „Zerrrb zerrrb", auch ein kurzes „Zit" oder „Zix". Der Gesang ist ein trillerndes und zwitscherndes Geplauder, und oft werden Motive aus den Liedern anderer Vögel eingeflochten.

Ihre Nahrung, die überwiegend aus Wasserinsekten, Flohkrebsen und kleinen Wasserschnecken besteht, sucht die Wasseramsel am Grunde klarer Gewässer. Bei der Fortbewegung unter Wasser, wo sie bis zu 20 m zurücklegen kann, helfen die Flügel nach. Am Ufer werden auch Fliegen, Spinnen und Nacktschnecken erbeutet, oft wendet sie Steinchen, um an tierische Nahrung heranzukommen.

Das überwiegend aus Moos und Pflanzenteilen gebaute Kugelnest hat einen seitlichen Einschlupf. Es ist in Uferhöhlen, Mauerspalten, unter Brücken oder in stillgelegten Wassermühlen zu finden. Männchen und Weibchen bauen es gemeinsam. Ab Mitte April liegen auf einem Laubpolster 4 bis 6 reinweiße Eier. Nach einer Brutdauer von 15 bis 17 Tagen schlüpfen die Jungen. Sie bleiben etwa 20 Tage im Nest und werden von beiden Eltern gefüttert.

Wasseramseln brüten ein-, manchmal auch zweimal im Jahr.

Drosselrohrsänger   Acrocephalus arundinaceus

An Seen und Teichen mit breitem Rohr- oder Schilfgürtel lebt der etwa 20 cm große Drosselrohrsänger, unsere größte Rohrsängerart. Seine Oberseite wirkt einfarbig gelbbraun, die Unterseite heller mit weißlicher Kehle. Er hat einen Überaugenstreif. Männchen und Weibchen gleichen sich im Aussehen. Das Jugendkleid weist auf der Oberseite eine mehr rotbräunliche Färbung auf. Auf der Nahrungssuche durchstreift der Drosselrohrsänger das Röhricht oder das Weidengebüsch der Uferzone, wo er hauptsächlich den Insekten und deren Larven nachstellt.

Nach seiner Rückkehr aus dem Winterquartier im Mai sind seine knarrenden Lock- und Warntöne „Tack" und „Karr" sowie der mit Ausdauer fast Tag und Nacht vorgetragene, weithin schallende Gesang zu hören. Dieses „Karre karre kiet kiet, karre kiet, karre kie, karr ki kiki kar kie" fällt selbst dem Unkundigen auf. Bei geduldigem Warten ist hier und da der bräunliche Vogel zu sehen, wie er singend bis in die Spitze eines Halmes emporklettert und bald wieder abwärts rutscht oder mit hängendem Schwanz ein Stück über das Röhricht fliegt. Gut beobachten kann man Drosselrohrsänger im Spätfrühling und Frühsommer, denn später im Jahr, etwa von Mitte Juli an bis zu ihrem Abflug im August/September ins äquatoriale und südliche Afrika, verbringen sie ziemlich schweigsam ein verborgenes Leben in der schwankenden Halmwildnis.

Das kunstvolle, an mehreren Rohrstengeln befestigte Nest aus alten Halmen und zerschlissenen Schilfblättern, das das Weibchen allein baut, steht meist 50 bis 150 cm über dem Wasserspiegel. Auf der aus Rispen und Fasern bestehenden Innenpolsterung liegen ab Ende Mai bis Anfang Juni 4 bis 5 bläulichweiße, bläulichgrüne oder grünlichweiße, dunkel gemusterte Eier, die von beiden Eltern abwechselnd 14 bis 15 Tage bebrütet werden. Die Alten füttern die Nestjungen etwa 12 Tage und danach noch einige Tage außerhalb des Nestes, da sie das Nest noch nicht voll flugfähig verlassen und im Röhricht herumklettern.

In der Regel brütet der Drosselrohrsänger einmal, nur selten zweimal im Jahr.

Als ausgesprochener Rohrbewohner ist der Drosselrohrsänger auf ausgedehnte Schilfbestände angewiesen. Durch die Zerstörung zahlreicher Feuchtgebiete sind seine Bestände mancherorts rückgängig.

110

Gelbspötter   Hippolais icterina

Eher zu hören als zu sehen ist der etwa 13 cm große, auf seiner Oberseite gelblich olivfarbene, unterseits gelbe Sänger, den man im Blattgewirr von Büschen und höheren Bäumen nur schwer beobachten kann. Man findet ihn in lichten Laubwäldern gewässerreicher Niederungen, Parkanlagen, Gärten und auf alten Friedhöfen mit Holunderhecken und Fliederbüschen. Sein Gesang ist auch von hohen Pappeln und Weiden der Auwälder zu hören. Männchen und Weibchen sehen gleich aus. Die Jungen ähneln den Altvögeln, nur ist das Gelb der Unterseite etwas matter.

Nach seiner Rückkehr aus dem Winterquartier Mitte Mai singt der Gelbspötter von früh bis spät. Bald sind es kräftige, wohlklingende, dann wieder schneidend scharfe Töne. Ohne Pause folgt ein Motiv dem anderen, jedes wird mehrmals wiederholt. Er moduliert die Gesangsstrophen anderer Vögel und verbindet sie mit seinen eigenen. Seine Erfindungsgabe scheint geradezu unerschöpflich zu sein.

Wiener Vogelliebhaber haben das sprechende Lied des Gelbspötters in die bezeichnenden Worte gekleidet:

"Schmidt, Schmidt, Schmidt,
hatte sieben Töchter, hatte sieben Töchter,
Töchter sieben, Töchter sieben, Töchter
sieben, beinah heiratsreif, beinah
heiratsreif, Schmidt, Schmidt, Schmidt."

Der Lockton des Gelbspötters klingt wie "dideroid" oder "didewid", auch ein "Huid" läßt er hören. Bei Gefahr warnt er mit knarrendem "Errr".

Die Nahrung des Gelbspötters besteht aus fliegenden und kriechenden Insekten, im Spätsommer geht er auch an Früchte und Beeren.

Der Gelbspötter ist in unserem Gebiet ein seltener Brutvogel. Sein Nest baut er in dichten Laubbüschen, Sträuchern und auf Bäumen geschickt in einen Astquirl. Man findet es in unterschiedlicher Höhe, die zwischen 2 und 4 Metern schwankt. Es ist ein festgewebter, tiefmuldiger Bau aus Halmen, Bastfasern und Stengelchen, mit Gespinst und Tierhaaren verfestigt und mit Pflanzenwolle und feinen Haaren ausgelegt. Außen verkleiden die Gelbspötter das Nest meist mit Birkenrinde.

Die 4 bis 5 rosafarbenen, wenig schwarz gepunkteten Eier liegen in der Regel Anfang Juni im Nest. Die Brutdauer beträgt 13 Tage. Nach weiteren 13 Tagen verlassen die Jungen das Nest.

Es findet eine Jahresbrut statt; denn schon im August verläßt der Gelbspötter sein Brutgebiet und zieht in sein Winterquartier im tropischen Afrika.

Gartengrasmücke   Sylvia borin

Vom Aussehen her ist die knapp 14 cm große Gartengrasmücke schwer zu bestimmen. Ihr unscheinbares Gefieder macht sie im Laubgewirr fast unsichtbar, der anhaltende Gesang aber verrät sie dem Kundigen. Ihr wohltönendes Lied, das nur flötende und orgelnde Töne enthält, zählen wir zu den schönsten Vogelgesängen unserer Heimat. Neben einem schnalzenden „Tak tak" oder „Tschek" sind „wäd wäd"-Rufe und ein „Wit" zu hören.

Beide Geschlechter zeigen oberseits ein Grau bis Olivbräunlich, unterseits ein Hellgrau oder auch Rahmfarbe. Die Jungen gleichen den Altvögeln. Besondere Gefiederkennzeichen fehlen dieser Art.

Während ihres Aufenthalts in unserm Gebiet ist die Gartengrasmücke in aufgelockerten Laub- und Mischwäldern mit wucherndem Unterholz, in Auwäldern mit Brennesselwuchs und Brombeergestrüpp, in Parkanlagen, alten Friedhöfen und in größeren Gärten anzutreffen, hier jedoch längst nicht so häufig, wie aus ihrem Namen gefolgert werden könnte. Behende und in geduckter Haltung schlüpft sie durchs Gezweig, um vorwiegend Insekten und deren Larven zu erbeuten. Im Sommer verzehrt sie auch reife Beeren und Früchte.

Das vor dem Weibchen aus dem Winterquartier zurückkehrende Männchen besetzt ein Brutrevier und singt, bis sich ein Weibchen einfindet. Dann wählen beide für die Eiablage eines der zahlreichen, in der Zwischenzeit vom Männchen nur flüchtig vorgefertigten *Spielnester* aus und vervollständigen es mit trockenen Stengeln und feinen Hälmchen. In diesem locker gefügten Nest liegen in der Regel Ende Mai bis Juni meist 4 bis 5 Eier von unterschiedlicher Färbung: Der weißlichgelbe oder graugrünliche Grund hat grobe und feine bräunliche oder graue Flecken. Beide Partner brüten. Die Brutdauer beträgt 12 Tage. Nach 10 bis 12 Tagen verlassen die Jungen, noch nicht voll flugfähig, das Nest und halten sich im Gezweig auf, wo sie von den Eltern noch eine Zeitlang weitergefüttert werden.

Es findet eine Jahresbrut statt.

In unserem Raum ist die Gartengrasmücke regelmäßiger Brutvogel, der Anfang Mai bei uns eintrifft und das Brutgebiet im August/September bereits wieder verläßt, um im tropischen und südlichen Afrika zu überwintern.

114

Mönchsgrasmücke   Sylvia atricapilla

Nach der schwarzen Kopfplatte des Männchens wird die 14 cm große Mönchsgrasmücke vielfach auch Schwarzplättchen genannt. Das Weibchen hat eine rotbraune Kopfplatte, die an den oberen Augenrand grenzt. Das Gefieder der Oberseite ist beim Männchen gräulich olivbraun, beim Weibchen mehr bräunlichgrau. Beide Geschlechter sind an der Brust etwas grau, an Kehle und Bauch weißlichgrau. Das Jugendkleid ähnelt dem Kleid des Weibchens, zeigt aber unterseits eine gelbliche Färbung.

In unserem Raum ist die Mönchsgrasmücke ein nicht sehr häufiger Brutvogel, der lichte Wälder mit Unterwuchs, Parkanlagen, alte Friedhöfe, Waldblößen mit Himbeer- und Brombeergestrüpp und junges Fichtendickicht bevorzugt. Zuweilen bewohnt sie mit der Gartengrasmücke (siehe Seite 114) das gleiche Gebiet.

Das Lied der Mönchsgrasmücke beginnt mit einem leise zwitschernden Vorgesang, wird lauter, um mit flötender, sich überschlagender Schlußstrophe zu enden. Sie lockt mit schnalzendem „Tak tak", bei Erregung läßt sie ein „Tze" oder rauhe „rä rä"-Töne hören. Die Hauptnahrung der Mönchsgrasmücke besteht neben Spinnen aus Insekten und deren Larven. Im Sommer und Herbst geht sie auch an reife Beeren und Früchte. Nach Grasmückenart schlüpft sie dabei in geduckter Haltung durchs Gebüsch und fliegt nur selten auf den Boden.

Das Nest, aus Fasern, Würzelchen und Halmen von beiden Partnern gebaut, steht meist niedrig in Büschen und Hecken. Die 4 bis 5 Eier sind unterschiedlich gefärbt: auf bräunlichweißem, grünlichweißem oder grauem Grund sind sie dunkelbraun und aschgrau gefleckt. Männchen und Weibchen brüten abwechselnd 14 bis 15 Tage. Die Nestlingszeit beträgt 10 bis 13 Tage. An der Aufzucht der Jungen sind beide Eltern beteiligt.

Gewöhnlich finden zwei Jahresbruten statt. In manchen Gegenden ist die Mönchsgrasmücke regelmäßiger Kuckuckswirt. Der Kuckuck bevorzugt ihr Nest für seine Eiablage. Nach dem Schlüpfen werden Eier oder Junge des Wirtsvogels von dem Fremdling aus dem Nest gedrängt. Der ungebetene Gast wird hingebungsvoll von beiden Wirtsvögeln gefüttert.

Als *Zugvogel* verläßt die Mönchsgrasmücke ihr Brutgebiet im September bis Mitte Oktober und zieht südwärts. Zum Teil überwintert sie im Mittelmeerraum, zum Teil im tropischen Afrika. Ab Mitte April ertönt ihr schöner, abwechslungsreicher Gesang wieder im Brutrevier. Wie auch bei der Gartengrasmücke trifft das Männchen vor dem Weibchen hier ein und lockt es durch beharrliches Singen in sein Revier.

Sommergoldhähnchen   Regulus ignicapillus

Das Sommergoldhähnchen, 9 cm groß, ist bei uns ein seltener Brutvogel. Es bewohnt zum Beispiel Mittel-, West- und Südeuropa und kommt nach Norden zu bis zur Ostsee und östlich bis Polen vor. Von Fichtenwäldern weniger abhängig als das Wintergoldhähnchen, kann man es auch in Laub- und Mischwäldern sowie in nadelholzreichen Parkanlagen beobachten.

Das Sommergoldhähnchen zählt zu den kleinsten Vögeln Europas. Es unterscheidet sich vom Wintergoldhähnchen durch einen auffallenden weißen Überaugenstreif, einen schwärzlichen Augenstreif, und der schwarz eingefaßte Scheitelstreifen weist beim Männchen in der Mitte ein kräftiges Orangerot, beim Weibchen ein Gelb auf. Das übrige Gefieder hat eine olivgrünliche Färbung, und an den Schultern zeigt sich ein goldgelber Fleck. Die Jungen haben einen grünlichgrauen Kopf, doch sind der helle Überaugenstreif und der verwaschen wirkende dunkle Augenstreif gut zu erkennen.

Unermüdlich sucht das Sommergoldhähnchen Zweige und Nadeln nach kleinen Insekten, deren Eier und Larven ab. Auch Spinnen und fliegende Insekten werden erbeutet.

Es hat eine im Verhältnis zu seiner Größe kräftige Stimme. Der Gesang besteht aus gleich hohen „sri si si"-Tönen, die allmählich anschwellen und mit einem auffallenden „Sisisisisisia" enden.

Das Sommergoldhähnchen baut ein kugeliges Hängenest mit oben befindlichem Einschlupf. Unter Fichtenzweigen gut versteckt und mit diesen fest verflochten, wird es meist hoch in Bäumen angelegt, ist aber auch bisweilen in Bodennähe, im Efeu- oder Wacholdergebüsch zu finden. Für die Auspolsterung verwenden diese Vögel Pflanzenwolle, Tierhaare und Federchen. Das Weibchen baut allein. Auch die 7 bis 12 gelbrötlichen, mit feinen Wölkchen versehenen Eier werden vom Weibchen allein ausgebrütet. Die Brutdauer beträgt 14 bis 15 Tage. Beide Eltern füttern die Jungen während der Nestlingszeit. Nach etwa 19 bis 20 Tagen sind die Jungvögel flügge.

Es finden meist zwei Jahresbruten statt.

Im Winter ziehen sich die Sommergoldhähnchen im Gegensatz zu den Wintergoldhähnchen größtenteils aus Mitteleuropa zurück und verbringen die kalte Jahreszeit im Mittelmeerraum. Die Hauptzugzeiten sind bei uns August bis Oktober. Ende März, meist aber im April, kehren die Vogelzwerge in ihre Brutheimat zurück.

Steinschmätzer   Oenanthe oenanthe

Auf einem Steinhaufen vor der Müllhalde sitzt ein sperlinggroßer Vogel mit blaugrauer Oberseite, schwarz dagegen sind der Augenstreif, die Flügel und das Schwanzende. Seine helle Unterseite zeigt Rahmfarbe. Beim Abfliegen leuchten der weiße Bürzel und die weißen Schwanzseiten weithin auf: Es ist das Männchen des knapp 15 cm großen Steinschmätzers im *Brutkleid*. Das Weibchen, weniger kontrastreich gezeichnet, wirkt bräunlicher. Im *Ruhekleid* ähneln sich Männchen und Weibchen. Die Jungen sind oberseits braun gefärbt und zeigen eine schwache Fleckung auf Oberkopf, Nacken und Vorderrücken, ihre rahmfarbene Unterseite ist dunkler und auf der Brust fein geschuppt.

In unserem Raum kommt der Steinschmätzer fast überall vor, wenn auch nicht immer häufig. Sein Lebensraum ist offenes, übersichtliches Gelände vom Tiefland bis hinauf ins Gebirge. Man kann ihn auf felsigen Bergweiden, auf Sand- und Ödflächen, auf Kahlschlägen, Holzlagerplätzen, auf Bahnanlagen, Schuttplätzen und Geröllhalden beobachten. Seine Nahrung besteht aus allerlei Insekten, die er vom Boden aufliest und auch im Fluge erbeutet. In seinem Revier sitzt er meist auf erhöhter Warte.

Am Boden läuft und hüpft er wie eine Drossel, knickst häufig und spreizt den Schwanz. Sein Lockton klingt wie „jiw" oder „jiw töck töck". Das kurze Lied erinnert an Lerchengezwitscher und ist reich an rauhen und gepreßten Lauten; es wird auch im kurzen *Balz*flug vorgetragen.

Sein Nest baut der Steinschmätzer gut versteckt zwischen Steine, in Felsspalten, in Erdlöcher, unter Gerümpel auf Müllhalden, gelegentlich auch in Holzstöße und verlassene Kaninchenbaue. Es ist ein lockerer Bau aus Würzelchen und dürren Grashalmen, mit Tierhaaren und Federn ausgepolstert. Die 5 bis 6 blaßblauen Eier brütet das Weibchen in etwa 14 Tagen allein aus. An der Aufzucht der Jungen sind beide Altvögel beteiligt. Nach 14 bis 16 Tagen verlassen die Jungen das Nest.

Bei uns findet in der Regel eine Jahresbrut statt.

Als *Zugvogel* trifft der Steinschmätzer im Laufe des April im Brutgebiet ein, das er etwa Ende August verläßt, um in den Steppengebieten Afrikas zu überwintern. Zur herbstlichen Zugzeit vereinigen sich die Steinschmätzer zu größeren, lockeren Gemeinschaften und sind dann vielfach bei der Nahrungssuche auf Äckern zu beobachten.

Braunkehlchen   Saxicola rubetra

Wo saftige Wiesen sich ausdehnen, trifft man im allgemeinen auf das knapp 13 cm große Braunkehlchen. Meist sitzt es auf der Spitze einer Staude, auf einer Dolde, einem Koppelpfahl oder auf dem höchsten Zweig eines Busches, und von diesen Warten aus macht es Jagd auf Insekten aller Art. Geschickt werden diese im Fluge gefangen, aber auch vom Boden aufgenommen. In seiner Jagdweise ähnelt das Braunkehlchen den Würgern (siehe Seiten 100 und 102).

Das im Brutkleid recht bunte Vögelchen wirkt rundlich, untersetzt und hat einen verhältnismäßig kurzen Schwanz. Das Männchen fällt durch seinen dunkelbraunen Wangenfleck und den weißen Überaugenstreif auf. Die Oberseite zeigt auf braunem Grund eine dunkle Längsstreifung, Kehle und Brust leuchten hell rostbraun, die übrige Unterseite ist rahmfarben. Besonders im Fluge wird die Weißfärbung an der Schwanzwurzel deutlich sichtbar. Das Weibchen ähnelt dem Männchen, nur sind seine Farben ein wenig matter. Beide Geschlechter haben einen weißen Flügelfleck. Die Jungen ähneln den Weibchen, es fehlen die Flügelflekken.

Der kurze Gesang besteht aus kratzenden und angenehm flötenden Tönen; in ihm sind auch Motive anderer Vogellieder eingeflochten. Gelockt wird mit „fü teck teck" oder „fid teck".

Das aus Halmen, trockenen Blättern, Moos und Würzelchen gebaute Nest steht so in einer kleinen Bodenvertiefung im Gras, daß die Halme es gut gegen Sicht schützen. Ab Mitte Mai liegen auf weichem Haarpolster 5 bis 6 dunkel blaugrüne, bisweilen rotbraun gepunktete Eier, die das Weibchen in 13 Tagen ausbrütet. Nach 11 bis 15 Tagen verlassen die Jungen, noch nicht flügge, das Nest. Sie bleiben in Nestnähe und werden hier noch einige Zeit von den Eltern gefüttert.

In der Regel findet eine Jahresbrut statt.

Als *Zugvogel* verläßt uns das Braunkehlchen im August/September. Es überwintert zum Teil in Südwesteuropa und im tropischen Afrika. Im April/Mai kehrt das Braunkehlchen ins Brutgebiet zurück.

Schwarzkehlchen Saxicola torquata

Das etwa 12 cm große Schwarzkehlchen gehört bei uns zu den seltenen Brutvögeln. Während man das Braunkehlchen (siehe Seite 122) auf feuchten Wiesen antreffen kann, besiedelt das Schwarzkehlchen offenes und trockenes Gelände: sonnige, mit Büschen und Gras bestandene Hänge, Bahndämme, steinige Halden mit Ginstergesträuch, Kiefernheide, Ödland und ähnliche Gebiete.

Im Verhalten gleichen sich die beiden Arten. Wie das Braunkehlchen sitzt auch das Schwarzkehlchen gern aufrecht auf hochgelegener Warte in seinem Revier, wobei man bei ihm ein Abwärtswippen des gefächerten Schwanzes beobachten kann.

Das Brutkleid des Männchens dieses kleinen Vogels wirkt recht bunt: Kopf und Kehle sind schwarz, an den Halsseiten blinkt ein weißer Fleck auf, weiß ist auch ein schmaler Flügelstreif. Rücken und Schwanz sind schwarzbraun, Bürzel und Oberschwanzdecken grauweiß gefärbt; die Vorderbrust leuchtet rotbraun, der Bauch zeigt Rahmfarbe. Das Weibchen sieht bräunlicher aus und ist unscheinbarer gefärbt. Die Jungen ähneln dem Weibchen, sind aber unterseits dunkel gefleckt; es fehlt die schwarze Kehle.

Der Gesang des Schwarzkehlchens besteht aus kurzen Strophen mit rauhen, kratzenden Lauten und wird auch im „tanzenden" Singflug vorgetragen. Es lockt mit hohem „Fid teck teck" oder „Isst teck teck".

Das Schwarzkehlchen ernährt sich von Insekten aller Art, die es geschickt im Flug erbeutet oder vom Boden aufnimmt.

Das Nest gleicht dem des Braunkehlchens und befindet sich, von Pflanzen gut verdeckt, meist in einer kleinen Bodenvertiefung. Die 5 bis 6 grünlichgrauen Eier, fein rostrot gefleckt, brütet das Weibchen allein aus. Die Brutdauer beträgt 14 bis 15 Tage. Kaum flugfähig, verlassen die Jungen nach weiteren 11 bis 15 Tagen das Nest, bleiben aber in dessen Nähe, wo sie noch eine Zeitlang von den Eltern mit Nahrung versorgt werden.

Schwarzkehlchen brüten zweimal im Jahr. Das Schwarzkehlchen verläßt unser Gebiet ab Mitte September bis Oktober, um im Mittelmeerraum zu überwintern, kehrt aber schon Anfang März ins Brutgebiet zurück.

125

Blaukehlchen   Luscinia svecica

In Sumpfniederungen, an Flußufern mit Erlen- und Weidendickicht sowie in Moorgebieten gelingt es mitunter, ein mausartig am Boden dahinhuschendes Vögelchen zu beobachten: das Blaukehlchen. Das Männchen dieses etwa 14 cm großen Vogels fällt im Brutkleid durch seine strahlend blaue Kehle mit dem weißen „Stern" auf. Die weißsternige Rasse brütet in Mitteleuropa. In Nordeuropa ist das Rotsternige Blaukehlchen zu Hause. Dieser Form begegnen wir in unserem Raum nur gelegentlich als Durchzügler.

Das Weißsternige Blaukehlchen hat oberseits eine olivbraune, unterseits eine grauweiße Färbung. Die schöne blaue Kehle des Männchens wird von der Vorderbrust durch ein schwarzes und ein rostrotes Band getrennt. Die rostroten Schwanzwurzelseiten am sonst dunkelbraunen bis schwärzlichen Schwanz zeigen die Blaukehlchen im *Brut-* wie auch im *Ruhekleid*. Beim Weibchen ist die blaßgelbliche Kehle seitlich und unten dunkel eingefaßt und mit einigen blauen Federchen durchsetzt. Junge Blaukehlchen tragen ein dunkelbraunes, hell längsgeflecktes Kleid.

Im Halbdunkel der feuchten Ufer- und Moorvegetation läuft das Blaukehlchen hochbeinig umher, nimmt Insekten, Larven und Würmer vom Boden auf und geht im Herbst auch an Beeren.

Durch seinen Lockton „ü tack" verrät es sich meist, bleibt aber stets in dichtem Gebüsch gut versteckt. Der wohltönende Gesang beginnt zögernd mit hohen „dip dip dip"-Tönen, geht dann in abwechslungsreiche, teilweise flötende Pfeifstrophen über, die von schnurrenden Passagen unterbrochen sind, wobei gedämpft gebrachte Strophen aus dem Gesang anderer Vogelarten eingeflochten werden. Beim Singen fällt der weiße Fleck (Stern) im gesträubten blauen Kehlgefieder besonders auf. Häufig wird das Liedchen auch im *Balz*flug vorgetragen.

Die ersten Blaukehlchen treffen bereits Anfang März aus dem Winterquartier im Brutgebiet ein. Das gut versteckte Nest steht meist am oder dicht über dem Boden im verfilzten Ufergebüsch, unter Wurzeln, in Bodenvertiefungen und unter überhängenden Grasbüscheln. Seine Unterlage besteht aus dürren Blättern, worauf trockene Halme und feine Würzelchen verbaut werden. Die Mulde ist mit Tierhaaren und Pflanzenwolle ausgepolstert. Ab Ende April bis Mai liegen die 5 bis 6 grünlichgrauen, mit feiner rötlichbrauner Flecken- oder Wölkchenzeichnung versehenen Eier darin. Die Brutdauer beträgt 13 Tage, die Nestlingszeit etwa 14 Tage.

In der Regel findet eine Jahresbrut statt. Etwa Ende August zieht das Blaukehlchen in die afrikanischen Winterquartiere. Während der Zugzeit wird es oftmals bei uns in Gebieten angetroffen, in denen es nicht brütet.

Schwanzmeise   Aegithalos caudatus

Die Größe der Schwanzmeise, eines Vogels mit einem auffallend langen, gestuften Schwanz und einem sehr kleinen Schnabel, beträgt 14 cm, wovon allein 8 cm auf den Schwanz entfallen. Die vorherrschenden Gefiederfarben sind Schwarz und Weiß, nur an den Schultern, Flanken und am Bauch weist das Gefieder des Vögelchens mit dem kugelförmigen Körper einen zarten weinroten Schimmer auf. Die nord- und osteuropäische Rasse hat einen reinweißen Kopf. Bei der im Süden und Westen lebenden Rasse ist der weiße Scheitel von breiten schwärzlichen Streifen eingefaßt. In Mitteleuropa gibt es Übergänge zwischen beiden Rassen, und bei uns trifft man auf weiß- und streifenköpfige Schwanzmeisen. Männchen und Weibchen gleichen sich. Die Jungvögel haben dunkle Wangen und kein Rot im Gefieder.

Am ehesten machen die rastlosen Zweigturner im Herbst und Winter auf sich aufmerksam, wenn sie in kleinen Trupps nahrungsuchend durch Gärten und Parkanlagen streifen. Ihr Ruf klingt wie „tserrp" oder „tscherrp". Der Gesang ist leise und unbedeutend und besteht aus Abwandlungen ihres „si-si-si"-Locktones.

Die Schwanzmeise bewohnt feuchte und unterholzreiche Laub- und Mischwälder, Parkanlagen sowie größere Gärten mit entsprechendem Baumbestand. Hier ernährt sie sich von Blattläusen und anderen Kleininsekten und deren Eiern.

Die Schwanzmeise ist im Gegensatz zu den meisten Meisen kein Höhlenbrüter, sondern baut ein dichtfilziges, oben geschlossenes ovales Nest mit einem seitlichen Flugloch. Es steht in Astgabeln, dichten Zweigen, aber auch in Dornenbüschen und im Brombeergestrüpp. Als Nistmaterial werden Fasern, Moos, feine Baumrinde, Flechten und Gespinst verwendet. Innen polstern die Vögel das Nest mit Federn, Pflanzenwolle und Tierhaaren aus. Brutzeit ist von April bis Juni. Im Nest liegen dann gewöhnlich 7 bis 11 gelblichweiße, schwach rötlich gepunktete Eier. Nach 12 bis 13 Tagen schlüpfen die Jungen, sie sind nach 15 bis 16 Tagen flügge.

Schwanzmeisen brüten zweimal im Jahr.

Im Herbst scharen sich Schwanzmeisen zu Trupps zusammen und streifen weit umher. In manchen Jahren überraschen uns größere Scharen der weißköpfigen Schwanzmeise aus dem Osten.

Beutelmeise   Remiz pendulinus

Die Beutelmeise, ein kleiner, unauffällig lebender Vogel, ist am ehesten an ihrem charakteristischen Ruf, einem durchdringenden, langgezogenen Lockton, der wie „zieh" oder „diehh" klingt, zu erkennen. Den leise zwitschernden Gesang hört man nur selten.

Ein gutes Kennzeichen ist auch die breite, schwarze Augenmaske des 11 cm großen Vogels. Kopf und Nacken sind grauweiß, Kinn und Kehle reinweiß, Brust und Bauch rahmfarben und bräunlich überflogen. Der kastanienbraune Rücken wird nach dem Bürzel zu rostgelb. Die Flügel sowie der Schwanz weisen eine dunkelgraue bis dunkelbraune Färbung auf. Das Weibchen wirkt etwas heller als das Männchen. Den Jungvögeln fehlt in den ersten Monaten die schwarze Augenmaske.

Die Beutelmeise siedelt sich in der Regel in vegetationsreichen Randzonen von Gewässern an. Sie brütet in der Nähe größerer Flüsse, in Sumpflandschaften mit Gebüsch, an Seen und Teichgebieten mit Röhricht und baumbestandenen Ufern. Hier ernährt sie sich im Sommer von Insekten, im Winter werden auch Sämereien aufgenommen.

Ihr kunstvolles Beutelnest wird an den Enden herabhängender Zweige, vor allem von Weiden, Erlen und Birken eingeflochten und befindet sich in unterschiedlicher Höhe über dem Wasserspiegel, aber auch über mehr oder weniger sumpfigem Boden. Den Rohbau fertigt das Männchen allein. Hat sich ein Weibchen eingefunden, kleiden sie das Nest gemeinsam aus und versehen es mit der Einschlupfröhre. Zum Bau verwenden Beutelmeisen hauptsächlich lange Halme, Fasern, zerpflückte Rohrkolben und Tierwolle. Die Ende April bis Anfang Mai gelegten 6 bis 8 länglichen weißen Eier brütet das Weibchen in 12 bis 15 Tagen allein aus. Die Nestlingszeit beträgt 15 bis 20 Tage. Es finden meistens zwei Jahresbruten statt. Die Beutelmeise wird zu den *Strichvögeln* gezählt. Sie verläßt ihren Brutplatz oft schon im Juli und streicht in seiner näheren Umgebung umher. Manche Vögel ziehen auch über weite Strecken, ohne daß eine feste Winterherberge zu erkennen ist.

131

Hänfling – Bluthänfling   Acanthis cannabina

Der Hänfling kommt in unserem Gebiet nur spärlich vor, und die Siedlungsdichte in Mitteleuropa ist sehr unterschiedlich. Er ist ein unsteter Vogel, der heute an einem Ort nistet, die Jungen aufzieht und danach ohne ersichtlichen Grund für immer verschwindet.

Das Männchen hat im *Brutkleid* an Stirn und Brust eine karminrote Färbung, daher „Bluthänfling" oder auch „Rothänfling" genannt, einen grauen Kopf, einen gelbbraunen Rücken und einen weißlichen Bürzel. Die dunklen Schwung- und Schwanzfedern sind weiß gesäumt, die Unterseite leuchtet gelblichweiß. Im *Ruhekleid* ähnelt das Männchen dem Weibchen, das wie die Jungen bräunlichgrau und dunkel gestreift ist.

Der 13 cm große Hänfling gehört zu den Vögeln, die zu beobachten schwierig ist. Bei der geringsten Störung flüchtet er in schnellem Flug. Er bewohnt offenes, buschreiches Gelände, Feldgehölze, Wacholderheiden, Gärten und manchmal auch Parkanlagen mit Büschen. Ausgedehnte Hochwälder werden gemieden.

Seine Nahrung, die aus Sämereien in jedem Reifestadium, zarten Trieben und Blattknospen besteht, sucht er auf Ödland mit reichem Wildpflanzenbewuchs und Brachfeldern. Besonders geschätzt sind Vogelmiere und im Herbst und Winter die ölhaltigen Samen.

Der Hänfling läßt häufig seine Stimme erschallen, eine Eigenart vieler gesellig lebender Vögel. Sein Lockruf ist ein kurzes „Gäck gäck gäck". Der temperamentvolle Gesang, ein melodisches Zwitschern mit klangvollen Flötentönen und eingestreuten Krählauten, wird meist von der Spitze eines Busches vorgetragen.

Das aus Halmen, Würzelchen und Moos vom Weibchen allein gebaute Nest findet man meist nicht hoch über dem Boden, selten über Mannshöhe, in Jungfichten, niedrigen Büschen und Hecken, Reisighaufen, aber auch in Ziersträuchern. Ausgepolstert wird es mit Tierhaaren, Pflanzenwolle und einigen Federchen. Das Gelege besteht aus 5 bis 6 bläulichweißen, mit rotbraunen Flecken und Schnörkeln versehenen Eiern, die überwiegend das Weibchen ausbrütet. Nur für kurze Zeit am Tage löst das Männchen es ab. Die Brutdauer beträgt 12 bis 13 Tage. Beide Eltern füttern, und nach 12 bis 14 Tagen fliegen die Jungvögel aus.

In der Regel finden zwei Jahresbruten statt. Hänflinge sind *Stand-, Strich-* und *Zugvögel*, die sich im Winter mit Stieglitzen, Grünlingen und Feldsperlingen zu größeren Trupps zusammenschließen und weit umherziehen. Auf Feldern und Ödländereien suchen sie nach Nahrung. Viele fliegen auch mit Hänflingen aus nördlichen Gebieten im September/Oktober in südeuropäische und nordafrikanische Winterherbergen. Im März/April kehren sie in die Brutgebiete zurück.

133

Birkenzeisig   Acanthis flammea

Ein nur unregelmäßig und in wechselnder Menge von Oktober bis April als Durchzügler und auch als *Wintergast* bei uns zu beobachtender Vogel ist der Birkenzeisig. Eine etwas kleinere, braunere Rasse, der Alpenbirkenzeisig (Acanthis flammea cabaret) kommt außer in Großbritannien auch in den Alpenländern vor.

In seiner nordischen Brutheimat bewohnt der Birkenzeisig Erlen-, Birken- und lichte Nadelwälder der Gebirge bis zur oberen Waldgrenze. Seine Nahrung besteht aus Knospen, Trieben und vor allem aus Birken- und Erlensamen. Bei der Futtersuche halten die Vögel Stimmkontakt mit den charakteristischen „tschättrrrtschätt"-Locktönen. Das unbedeutende Liedchen ist ein fröhliches Gezwitscher, in dem die Locktöne stets wiederkehren.

Der knapp 13 cm große, graubraun gestreifte Birkenzeisig fällt durch seine leuchtend rote Stirn und den schwarzen Kinnfleck auf. Brust und Bürzel zeigen einen karminroten Schimmer. Das Weibchen gleicht dem Männchen, nur fehlt ihm das Rot auf der Unterseite. Die Jungen ähneln dem Weibchen, sind aber ohne rote Stirn und ohne schwarzen Kinnfleck.

Der Birkenzeisig nistet gern in kleineren Gesellschaften. Er baut entsprechend der Vegetation seines Brutreviers das Nest am oder dicht über dem Boden in Büsche, zuweilen auch wenige Meter hoch in Erlen oder Birken. Es ist fest und dickwandig aus Reiserchen, Halmen, Rindenstücken und Moos zusammengefügt, innen mit Pflanzenwolle, Tierhaaren und Federchen ausgepolstert. Die 4 bis 5 bläulichweißen bis hell blaugrünen, spärlich mit rotbraunen Flecken versehenen Eier brütet das Weibchen in 10 bis 12 Tagen allein aus. Während dieser Zeit wird es vom Männchen mit Nahrung versorgt. Beide Eltern füttern die Jungen, die nach etwa 12 Tagen das Nest verlassen. Birkenzeisige brüten meist einmal im Jahr, gelegentlich soll es auch eine zweite Brut geben.

In manchen Jahren kann man bei uns Schwärme der nordischen Birkenzeisige bei der Nahrungsuche beobachten (*Invasionsvögel*), wenn sie zwischen Melde- und Beifußstauden mausähnlich auf dem Boden umherhuschen und Samen aufpicken oder in den Zweigen der Birken und Erlen die feinen Samen aus den Fruchtständen herausholen. Oft sieht man sie hierbei in Gesellschaft mit den gelbgrünen Erlenzeisigen. An turnerischen Kletterkünsten sind sich die beiden Vogelarten ebenbürtig.

Rohrammer   Emberiza schoeniclus

In Verlandungszonen von Gewässern und Mooren hält sich die Rohrammer, bei uns ein stellenweise häufig brütender Vogel, auf. Im Röhricht von Teichen und kleinen Tümpeln, im Weidendickicht und in Erlenbrüchen, auch auf sumpfigen Wiesen mit schilfbestandenen Abzugsgräben ist der 15 cm große Vogel anzutreffen.

In Größe und Färbung hat die Rohrammer etwas Spatzenartiges und wird deshalb mancherorts auch Rohrspatz oder Rohrsperling genannt. Das Männchen kann man im *Brutkleid* am schwarzen Kopf und der schwarzen Kehle mit weißem *Bartstreif* und Nackenring erkennen. Die braune Oberseite zeigt schwärzliche Streifen, während die grauweiße Unterseite nur an den Flanken dunkel gestreift ist. Im *Ruhekleid* ähnelt das Männchen dem Weibchen, das bräunlicher wirkt. Am braunen Kopf des Weibchens fallen der dunkle Bartstreif, der helle Überaugenstreif und die grauweiße Kehle auf. Die äußeren Schwanzfedern sind bei beiden Geschlechtern im Brut- wie auch im Ruhekleid weiß, was beim Auffliegen deutlich sichtbar wird. Die Jungen gleichen dem Weibchen.

Rohrammern führen ein unauffälliges Dasein und ernähren sich von allerlei Insekten, deren Larven und von Pflanzensamen.

Gelockt wird mit einem gedehnten „Zieh". Das anspruchslose Lied ist ein Gestammel von „zja tit tai zissis" oder ähnlichen Klängen und wird in der Regel von einem erhöhten Platz, einem Weidenzweig oder einem Rohrstengel, vorgetragen.

Das aus Halmen, Schilfblättern und kleinen Pflanzenteilen locker gebaute Nest, mit feinen Halmen und Tierhaaren ausgepolstert, steht versteckt auf dem Sumpfboden in dichtem Pflanzenwuchs. Ab Ende April, Anfang Mai liegen 5 bis 6 olivbräunliche, großgefleckte und mit Kritzeln versehene Eier darin, die überwiegend das Weibchen ausbrütet. Die Brutdauer beträgt 13 bis 14 Tage. Während der Nestlingszeit füttern beide Eltern die Jungen, die nach 11 bis 13 Tagen das Nest verlassen.

Es finden zwei Jahresbruten statt.

Bei uns können wir die Rohrammer von März bis Oktober beobachten. Im Herbst ziehen die meisten ins Mittelmeergebiet, während einzelne Rohrammern auch bei uns überwintern. Im wesentlichen aber sind wohl die Rohrammern, die wir von November bis Februar bei uns antreffen, Gäste aus nördlichen und östlichen Ländern.

Begriffserklärungen

Balz
die Paarungszeit vieler Vögel. Zur Balz gehören Paarungsrufe, Gesangstrophen, abwechslungsreiche Balzspiele und -flüge. Es wird intensiver gesungen und ein mit übertriebenem Kraftaufwand zur Schau getragenes Imponiergehabe gezeigt, mit dem sich die Männchen zur Geltung bringen.

Brutkleid
zum Anlocken eines Partners von vielen männlichen Vögeln zur Balzzeit angelegtes, auffallend gefärbtes Federkleid, auch Prachtkleid oder Hochzeitskleid genannt. (Siehe im Gegensatz dazu Ruhekleid)

Durchzügler
Vögel, die auf dem Flug aus ihrer Brutheimat in die Winterquartiere oder auf dem Rückflug aus den Überwinterungsgebieten durch unser Gebiet ziehen.

Gewölle
ausgewürgte Speiballen mit unverdauten Resten der Nahrung wie Haare, Federn und Knochen. Größe, Form und Farbe der Gewölle sind je nach Vogelart unterschiedlich. Sie erlauben Rückschlüsse auf die Zusammensetzung der Nahrung.

Invasionsvögel

Vogelarten, die nicht regelmäßig in unserem Gebiet erscheinen, meist nur dann in großer Zahl bei uns zu beobachten sind, wenn in ihrer Brutheimat Nahrungsmangel herrscht.

Nestflüchter

Jungvögel, die kurz nach dem Schlüpfen aus dem Ei das Nest verlassen.

Nesthocker

Jungvögel, die bis zur Flugfähigkeit im Nest verbleiben.

Ruhekleid

das nach der Herbstmauser angelegte, weniger farbenfrohe und vom auffälligen Brutkleid (Hochzeitskleid) abweichende Federkleid.

Spiegel

auffällig gefärbtes, meist scharf begrenztes Feld auf den Flügeln.

Spielnest

stets kleiner und unfertiger als das Brutnest, es fehlt häufig noch die Innenauskleidung. Meist werden mehrere Spielnester angelegt. Nur einige Vogelarten legen Spielnester an.

Standvogel

hält sich das ganze Jahr über im Brutgebiet und in dessen engerer Umgebung auf.

Strichvogel

verläßt sein Brutgebiet bei Nahrungsmangel oder ungünstiger Witterung zeitweise, um in nahe liegenden Gebieten bessere Lebensbedingungen zu suchen (Teilzieher). Diese kleinen Wanderungen sind nicht mit dem alljährlichen regelmäßigen Zug zu vergleichen.

Teilzieher

siehe unter Strichvogel

Terzel

männlicher Greifvogel. Seit alters wird dieser Begriff in der Falknersprache gebraucht, besonders bei Habicht und Sperber, bei denen das Männchen um gut ein Drittel kleiner ist als das Weibchen.

Wintergast

Vogel, der seine nördliche oder nordöstliche Brutheimat zeitweise verläßt und den Winter in unserem Gebiet verbringt.

Zugvogel

zieht in jedem Jahr zur Herbstzeit regelmäßig auf bestimmten Flugwegen in sein Überwinterungsgebiet.

Zwischenzug

ein in keiner bestimmten Richtung verlaufender Zug mancher Vogelarten, der nach der Brutzeit einsetzt und dem eigentlichen Zug in die Winterquartiere vorausgeht.

Register

Inhaltsverzeichnis

Literaturverzeichnis

Creutz, G., Taschenbuch der heimischen Singvögel,
   Leipzig 1967

Fehringer, O., Die Vögel Mitteleuropas, 2 Bde.
   Heidelberg 1956, 1964

Heinroth, O. und M., Die Vögel Mitteleuropas,
   Bd. 1–4, Berlin 1926/31

Hoeher, S., Gelege der Vögel Mitteleuropas,
   Radebeul 1972

Makatsch, W., Die Vögel in Feld und Flur,
   Radebeul, Berlin 1955
   Die Vögel in Haus, Hof und Garten,
   Radebeul, Berlin 1957
   Die Vögel in Wald und Heide,
   Radebeul, Berlin 1959

Peterson, R., Mountfort, G., Hollom, P.,
   Die Vögel Europas, Hamburg–Berlin 1985

Stephan, B. / Breitmeier, J., Geschützte und jagdbare
   Vögel, Leipzig 1978

Stresemann, E., Exkursionsfauna, Bd. 3,
   Berlin 1955

Wüst, W., Die Brutvögel Mitteleuropas,
   München 1970

Einband Johannes Breitmeier, Armin Wohlgemuth

1. Auflage 1988
© DER KINDERBUCHVERLAG BERLIN – DDR 1988
Lizenz-Nr. 304-270/111/88
Gesamtherstellung: Grafischer Großbetrieb Sachsendruck Plauen
LSV 7851
Für Leser von 10 Jahren an
Bestell-Nr. 632 982 1
01980

ISBN 3-358-01008-2

Graureiher

Kolkrabe

Kranich